＼舉起你的手／

一個女生
搭便車
勇闖西班牙

謝琬湞・著

引言

等待六年的勇敢

「搭便車旅行西班牙」大約是從大學畢業開始有的夢想，當時，我在學校裡主修西班牙語，最後雖然順利畢業，內心卻覺得怪怪的，總感不足，常想如果有一張考卷的題目是：西班牙人如何看待自己的國家？如何解讀《唐吉訶德》的荒謬？如何讓基督教徒和回教徒一起生活？如何感受佛朗明哥的悲愴？如何評價海鮮飯的美味？如何實踐番茄節的瘋狂？

以上這些問題我肯定答不出來。

以往的學習，都是從自己的角度去理解那遙遠國度，但我的看法，書本的寫法，是否就是西班牙人的想法？推測物體的大小可以從影子長度跟光的位置找到答案，可是如果已經有個實體在那裡，又何必「捕風捉影」？

正所謂讀萬卷書，不如行萬里路，因此，最好的辦法就是直搗核心，並且直接用搭便車的方法（既可省車費，在車上又可聊天，認識各地的西班牙人），一舉數得。不過，想的總是比較輕鬆，真正把夢想化成行動，馬上就面臨了排山倒海而來的阻礙：金錢、時間、語言，甚至是性別（我是女生）也成了考驗。雖然常有殺身成仁的氣勢，想要不管三七二十一，一股腦兒就上網買一張台灣—西班牙的來回機票，硬把自己逼上梁山，一切就能美夢成真，但是這種有勇無謀的行為，總是在別人的三言兩語的阻撓後，就消失得無影無蹤。

搭便車的想法就這樣在心中載沉載浮了六年，曾經也想過放棄，說服自己別再做夢了，但也許真正的夢想是不可能放棄的，只有實踐，然後失敗了，自己才能放下。蹉跎多年後，在2012年終於激起我非做不可的決心，而一切追根究柢，都要感謝馬雅的末日預言（傳說世界將於2012年的12月21日結束）。這理由聽起來很傻，但是真心覺得一定要在滅亡前完成夢想才能無所遺憾，所以趕在末日前，勇敢開邁開腳步，追尋自己那個青春未完成的便車之旅。

整段旅行，有辛酸，有歡笑，有希望，有絕望，有堅持，有放棄，但無論如何，我也如願以償認識到最真實的西班牙，解答多年的疑惑。路上，遇見了許多熱心且不可思議的人物（例如，鬥牛士，警察，按摩師傅），聽見了許多感人的故事，這不僅讓我真的體驗到何謂為不同的生活態度與多元價值，更帶給我自身許多反思。

搭便車遊西班牙是一段挑戰自我，完成自我的故事，希望把路上學習到生活態度分享給大家。本書除了有旅遊資訊，也有我自己的「旅行的意義」。希望大家讀完此書後，能更認識西班牙，也更知道自己為何要去旅行。

西班牙地圖

巴斯克地區
PAIS VASCO
CASTILLA Y LEON
卡斯提亞-雷昂
巴塞隆納
MADRID
馬德里
地中海
瓦倫西亞
VALENCIA
卡斯提亞拉-曼查
CASTILLA-LA MANCHA
哥多華
ANDALUCIA
安達魯西亞
太陽海岸

我的西班牙便車「旅圖」

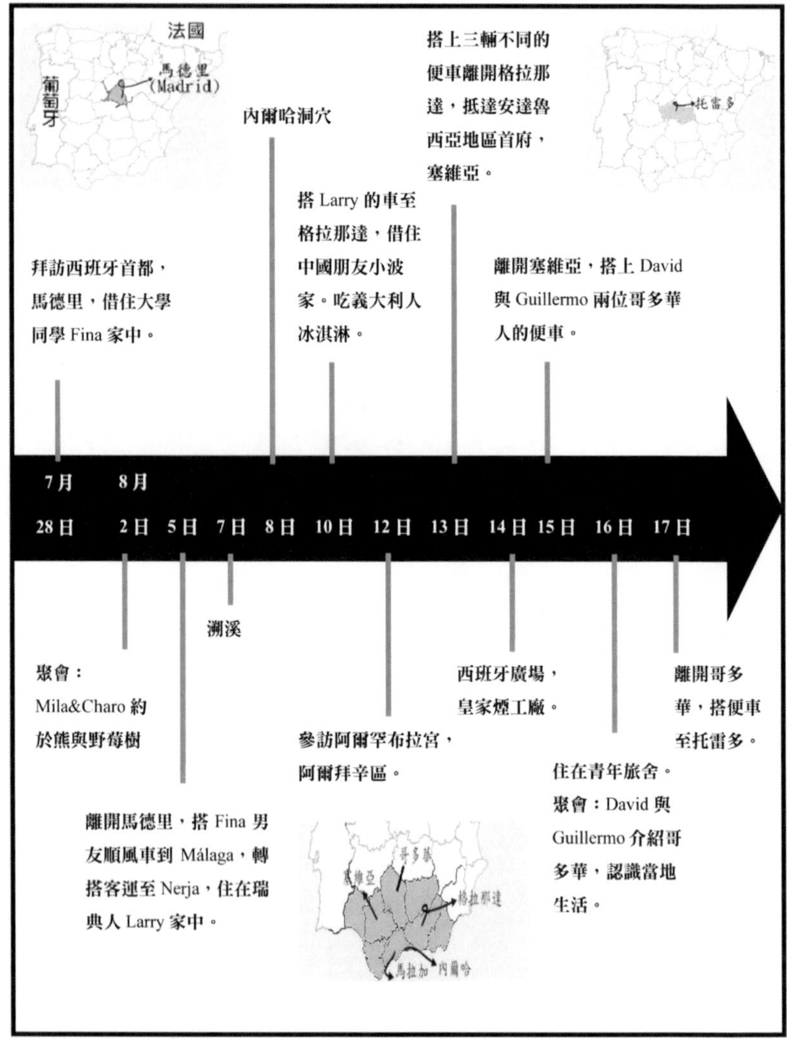
法國
葡萄牙
馬德里
(Madrid)
托雷多
內爾哈洞穴
搭上三輛不同的便車離開格拉那達，抵達安達魯西亞地區首府，塞維亞。
搭 Larry 的車至格拉那達，借住中國朋友小波家。吃義大利人冰淇淋。
拜訪西班牙首都，馬德里，借住大學同學 Fina 家中。
離開塞維亞，搭上 David 與 Guillermo 兩位哥多華人的便車。
7月 28日
8月 2日
5日
7日
8日
10日
12日
13日
14日
15日
16日
17日
溯溪
聚會：Mila&Charo 約於熊與野莓樹
西班牙廣場，皇家煙工廠。
離開哥多華，搭便車至托雷多。
參訪阿爾罕布拉宮，阿爾拜辛區。
住在青年旅舍。聚會：David 與 Guillermo 介紹哥多華，認識當地生活。
離開馬德里，搭 Fina 男友順風車到 Málaga，轉搭客運至 Nerja，住在瑞典人 Larry 家中。
哥多華
塞維亞
格拉那達
馬拉加
內爾哈

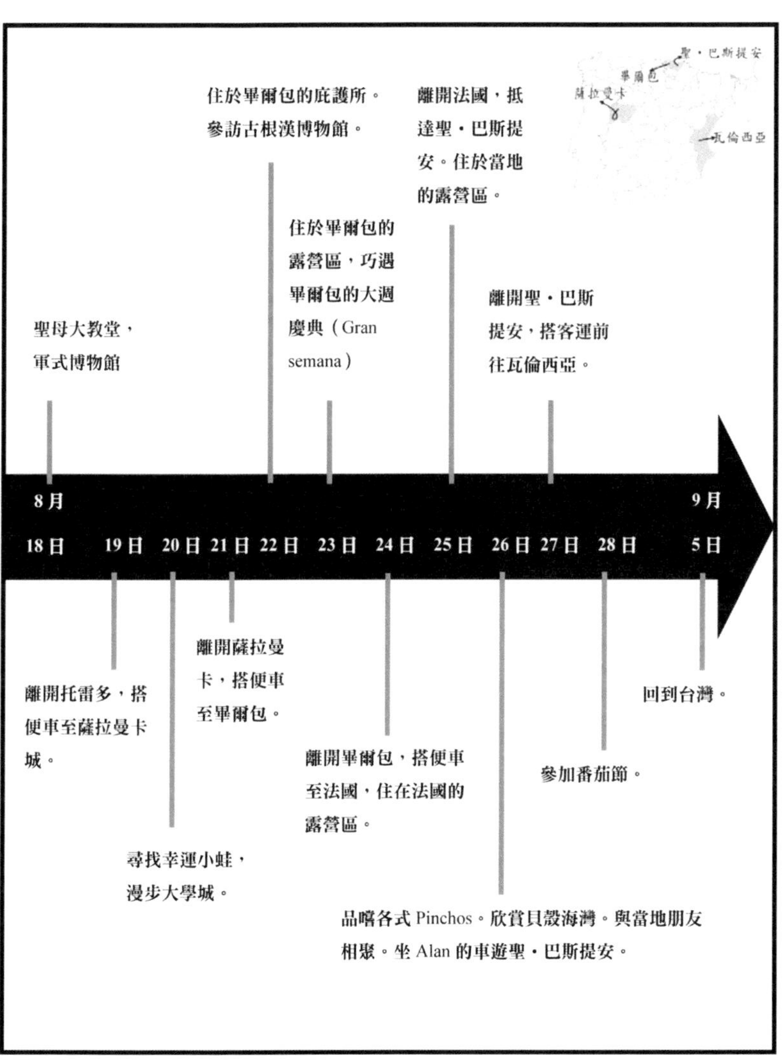

聖・巴斯提安
畢爾包
薩拉曼卡
瓦倫西亞
8月
18日
聖母大教堂，
軍式博物館
19日
離開托雷多，搭
便車至薩拉曼卡
城。
20日
尋找幸運小蛙，
漫步大學城。
21日
離開薩拉曼
卡，搭便車
至畢爾包。
22日
住於畢爾包的庇護所。
參訪古根漢博物館。
23日
住於畢爾包的
露營區，巧遇
畢爾包的大週
慶典（Gran
semana）
24日
離開畢爾包，搭便車
至法國，住在法國的
露營區。
25日
離開法國，抵
達聖・巴斯提
安。住於當地
的露營區。
26日
品嚐各式 Pinchos。欣賞貝殼海灣。與當地朋友
相聚。坐 Alan 的車遊聖・巴斯提安。
27日
離開聖・巴斯
提安，搭客運前
往瓦倫西亞。
28日
參加番茄節。
9月
5日
回到台灣。

CONTENTS

通往地中海的門戶：瓦倫西亞

行前準備1

包ㄚ款款ㄟ，來去西班牙

位處於南歐的西班牙，西部與葡萄牙相鄰，東南部接地中海，西北部靠大西洋，東北部以庇里牛斯山與法國為界，不過雖然國土在歐洲大陸上，但由於曾被穆斯林統治過將近七百年的歷史，因此於十五世紀以前，西歐各國都把這塊伊比利半島視為非洲的一部分，就連法國文豪大仲馬曾說過：「非洲之界，始於庇里牛斯」。現在就算時過境遷，一位異鄉人踏上西班牙，還是可以感覺到這片黃澄澄的大地非常不歐洲，它不似歐洲大陸的世故，而是有個像新生海島般的熱情，半島上的生活不似百年古蹟的沉靜，而是個像初牲之犢一樣的奔放。

西班牙當地生活步調與西歐各國大不相同，因此如果出發到西班牙旅行、經商或學習前最好能有所準備，以免因為當地的特殊性，耽誤了享受西班牙大好風光的時間。故此，本篇章是針對西班牙當地特殊的時間觀，氣候冷暖，物價貨幣，手機上網，台灣人在西班牙自助、人助的資訊，另外還附有幾句常用西班牙語等。

期望大家能在西班牙享受到幸福時光！

平安出門，滿載而歸！

「西」里呼嚕的時間觀

1. **台灣與西班牙的時差**：台灣快西班牙八個小時，但由於西班牙實施日光節約，故從3月的最後一個星期日到10月的最後一個星期日為止，西班牙只比台灣慢七個小時。例如，七月一日台灣早上八點，是西班牙時間七月一日凌晨一點。
2. **商店、博物館的工作時段**：由於西班牙仍維持睡午覺（la siesta）的傳統習慣，故一般商店、博物館等機關的工作時間會分成上、下午兩個時段，工作時間一般可從早上九點到二點，以及下午四點到八點，午休時間約二個小時，關門不營業，從下午約兩點到五點不等，休息時間可視各工作場合而定，可能提早或延後。
3. **西班牙一日作息時間表**：

	睡覺
6：00	
7：00	
8：00	早餐
9：00	工作
10：00	
11：00	
12：00	
13：00	
14：00	
15：00	午餐
16：00	

17：00	工作
18：00	
19：00	
20：00	
21：00	晚餐
22：00	
23：00	電視或網路
00：00	
	睡覺

• 里昂大教堂廣場前父與子雕像

佈下天羅地「網」，隨時上「網」

1. **當地預付SIM卡**：可到當地的手機店購買sim卡，任選一家較電信公司，一張15€，可上網，撥打國際電話。購買時需出示護照／居留證，且須要4G手機才可以。以下為西班牙各家電信公司預付卡的資費比較：

電信公司	通話	SMS	上網	其他
Orange	6分（歐元）／分；18.15分／語音信箱	12分	3 €／200 MB傳輸量	無
Vodafone	6分（歐元）／分；18.15／語音信箱	10分	5 €／300 MB傳輸量	無
MOVISTAR	10分（歐元）／分；18.15／語音信箱	18分	2.30 €／日	每次加值最少五歐元

Yoigo	1.2分（歐元）／分；18.15／語音信箱	12.1分	1'45 €／天	無
Happy móvil	1.2分（歐元）／分；24.20／語音信箱	10.8分	1'20 €／30 MB	加值最少兩歐元

2. **免費上網：**

（1）Gowex：西班牙常見的免費熱點，只要登入個人資料，就可在「有限」的時間內免費上網，雖然網速只有512 Kbps，但絕對足夠資訊查尋，且使用Skype WiFi並不在此限制。

（2）速食、連鎖餐廳：像是麥當勞、星巴克，VIPS或Pans & Company這類跨國餐飲，店內都設有免費WIFI，一般密碼會寫在點餐的告示牌子上。

（3）公共場合：西班牙多數的市政府、圖書館、大廣場、公園等公共場合都有免費網路可使用，網速是256 Kbps。

3. **怎麼都連不上線，怎麼辦？**你可以抬頭看看周圍的人們，沒有辦法連上網時，他們怎麼了？也許這是讓自己擁有另外一種生活方式的開始！

實用資訊，助你一臂之力

一趟從容自在的西班牙之旅，就要先掌握住以下這些重要資訊，讓自己快速進入生活習慣！

1. **幣值、匯率、物價**：西班牙屬於歐盟的成員國，故也是使用歐元，符號為€，台幣與歐元的匯率約1€=32.56NT。當地物價，以麥當勞的大麥克套餐為例，西班牙一份約11€=約台幣355元（台灣一份約99元）。

2. **電壓、插座**：西班牙電壓為220V，插座為圓孔（如圖◎）。因此，台灣的電器用品如須在西班牙充電使用，一定要接上變壓器與轉接插頭。
3. **台灣駐西班牙代表處**：如有護照遺失，或發生意外事故，都可以得到協助。電話：（34）915718426；地址：Calle de Rosario Pino, 14, 28020 Madrid
4. **好用的西班牙語**：學會這幾句話，不僅可以得到幫助，還能換來一陣熱情喔！

西語	中譯	近似音
Hola, guapo.	你好，帥哥	又郎，刮破。
Hola, guapa.	你好，美人	又郎，刮帕。
¿Cuánto cuesta?	多少錢？	灌多，鬼死打？
Cuenta.	結帳	桂恩大
¡Ayuda！	請幫個忙！	阿油大！
¡Gracias！	謝謝	哥拉嚇死
¿Dónde está...?	…在哪裡？	凍爹，噎死大…？
¡Adiós！	再見！	阿弟油死。
¡Perdón！	抱歉！	別動！

西語式的body language

義大利作家費德里（Federico Moccia）曾說過：有時候，小小動作藏有大大的涵義。每一個國家都有自己的歷史，語言與文化，經過時間的洗禮，各國人民會創造出專屬於自己的社會默契，不用明說就能明白，因此看懂他們的姿體動作，一種無言的語言，也一樣能達到溝通的目的。

手勢			
西語	CUENTA	PEDIR	SIÉNTESE
中文	結帳	請求	請坐
手勢			
西語	IMPACIENTE	OLVIDARSE	CALOR
中文	緊張	忘了	熱
手勢			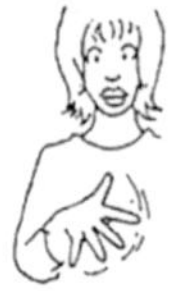
西語	POCO	BEBER	MÁS O MENOS
中文	一點點	喝	還好
手勢			
西語	OJO	GORDO	ADULANDO
中文	注意!	胖	拍馬屁

行前準備2

勇闖西班牙的必備「膝反應」

西班牙位於歐洲大陸最西邊的伊比利半島上，國土有50幾萬平方公里，人口為4700多萬人，國家由17個聯邦政體組合而成，憲法並保障每一個聯邦擁有文化、語言與種族等自治權，因此，整個西班牙從東到西，由南到北所呈現的風土民情差異甚大，例如東邊的加泰隆尼亞人明令禁止在鬥牛場表演鬥牛，北邊的巴斯克人舉辦的奔牛節依舊為年度盛事，南邊的安達魯西亞人節慶會在街上跳佛朗明哥舞，而中部卡斯堤亞人慶典喜歡跳傳統的霍達舞（Jota）。

是的，西班牙整個國家都在各説各的話，各唱各的調！因此，本篇章介紹旅者最基本該知道的「膝蓋」常識。事實上，每個國家都有屬於自己的「膝反應」，是自然不必多説的反射動作，旅者若能換成該國的「膝蓋」，那麼不管怎麼「走跳」，都能融入當地生活，屆時，所有的差異與區別，便不再是一道屏障，而是一抹風景了。

故此，本篇章是**以旅行四大基本工具：食、住、行、樂等需求做基準**，並且**適用於全西班牙，不限制於任何地區。**期望藉由本章的基本認識，再透過其後各篇章的介紹，感受出西班牙的千變萬化的風采。

期望大家能玩出一趟不同於旅遊指南的旅行，
擁有屬於自己獨特又有趣的西班牙之旅了！

交通篇

四大熱門交通工具

1. **火車（Renfe）**：西班牙國家鐵路，遍布全國，除了有貨運、區域鐵路外，也包含長程路途的**AVE**高速鐵路。網址：http://www.renfe.com/（有英語網頁）
2. **客運（ALSA）**：ALSA是西班牙規模最大的客運公司，許多大城小鎮都有停靠，且能搭往歐洲各城市。網址：https://www.alsa.es/（有西／英語網頁）
3. **飛機（Vueling）**：Vueling是一家西班牙的民營廉價航空公司，航站除了在西班牙境內，歐洲各城市也有航線。網址：http://www.vueling.com/（有西／英／義／法／葡等網頁）
4. **叭叭汽車共乘（BlaBlaCar）**：BlaBlaCar為現在歐洲最夯的共乘系統。需先加入會員，然後從網頁上選擇國家，以及起、迄站，便可查尋是否有人剛好相同路線，最後選擇加入併車共乘的行列。網址：https://www.blablacar.com/（有西／英／義／法／葡等網頁）

※GOEURO網站（有中文版）提供西班牙、歐洲境內的各種交通價位比較。網址：http://www.goeuro.es/

交通優劣比較

（以馬德里到馬拉加單程為例）

	Renfe／火車	Alsa／客運	Vueling／飛機	BlaBlaCar／共乘
時間	2 h 50 min	6 h 40 min	3 h 20 mins	5 h 8 min
價錢	79'50€	24'90€	154'98€（含稅）	約22~31€（行李需加價）
便利	車站位於市中心	位置於市中心，路途中的重要城鎮皆會停靠。	機場位於郊區	可於自家門口上車。
舒適	穩定度高；有餐車車箱供旅客用餐，也可購買各式零食餐點。	每四個小時停靠休息站三十分鐘。	餐、水需於機上購買，額外付費。	休旅車多能提供舒適的旅程，轎車則會感到擁擠。
趣味	長途旅程會放映電影（各座位會贈送一副耳機與軟糖）。	車上多有提供wifi（但訊號較弱）。	享受從天空俯瞰西班牙	結交新朋友。

（資料更新至2016年2月）

住宿篇

以下介紹並非一般的飯店、青年旅館，而是專屬西班牙的四大特色住宿。

1. **國營旅館**（ParadorES）：西班牙政府把境內的修道院、城堡等具有歷史意義的古蹟修建為旅館，並以連鎖飯店的方式經營，目前約有90間。網址：https://www.paradores-spain.com（有西／英語網頁）
2. **露營地**（Campings）：露營活動在歐洲風行多年，場地設施多屬完善，像是衛浴系統、遊戲場所都是五星級旅店的規格。網址：https://www.eurocampings.cn（有中／西／英／義／法／德／葡等網頁）

3. **庇護所**（Albergues）：由於西班牙是天主教國家，全國境內各地都有聖地雅哥朝聖之路，而在這條路上多由廢棄校舍或修道院改設為庇護所，提供朝聖者（免費）過夜。網址：https://caminodesantiago.consumer.es（有西語／加泰隆尼亞語／加利西亞語／巴斯克語等網頁）

4. **沙發衝浪**（Couchsurfing）：沙發衝浪早已是全世界背包客旅行選擇住宿地的首選了。只要先加入會員，然後再從網頁上選擇國家，城市，查尋是否有人提供住宿。在參考沙發主人的星等和相關留言，便可寫信尋問對方的意願了。 網址：https://www.couchsurfing.com（有中／西／英／義／法／德／葡等網頁）

住宿優劣比較

（以畢爾包／一人一夜為例）

	國營旅館	露營地	庇護所	沙發衝浪
名稱	Parador de Argómaniz	Camping Arrien Gorliz	Albergue de Peregrinos	無
價錢	85€ 73€（35歲以下）	成人：6'7€ 兒童（2-10歲）：4'7€	5€	免費
便利	距最近車站12公里，	距最近地鐵、火車有20分鐘路程。	市區	各種可能都有，端看背包客的考量。
特色	拿破崙在伊比利戰爭時的休息站。	靠近海邊，提供衝浪、潛水等海上活動課程。	由廢棄校舍改建而成，可認識各國朝聖者，提供早餐。	深入當地生活方式，也可順便做國民外交。
限制	無	需自備帳篷，或露營車。	需有朝聖護照（朝聖護照於每間庇護所內皆可購買，每本5歐元。）	需成為網頁會員，沙發主人會依照評價決定是否提供住宿。

（資料更新至2016年8月）

美食篇

街頭巷尾，隨處可見的四大絕頂平民食材。不知吃什麼時，點這些就對了！

1. **海鮮飯**（Paella）：深受阿拉伯人七百多年（711年至1492年）統治影響，西班牙人也種稻，也吃飯，其中以海鮮飯最為人所知。此道料理由紅、黃色組成：紅色由海鮮來表現，黃色則因添加番紅花而形成淡黃色的米飯。所有食材在鐵鍋上經過炒、燉、烤等步驟，料理時間約三十到四十分鐘，通常為三到四人份，但也有許多餐廳以份量較小的前菜方式提供。

• 海鮮飯

2. **煙燻生火腿**（Jamón）：這是絕不容錯過的平民美食。西班牙製作生火腿的豬有兩種：伊比利火腿（Jamón ibérico），以及塞拉諾火腿（Jamón Serrano）。前者使用的豬隻是西班牙的特有種，伊比利豬，多放養於櫟子樹叢中，牠們平時除了吃餵食的穀物外，也會吃下大量的櫟子果實，因此所製作出的煙燻生火腿都會帶有厚重的堅果味。後一種又名為山火腿，是一般白豬，以飼料餵養，約花七個月時間風乾製成火腿，價格低廉，一般餐館「小吃」所使用。
3. **輕食／冷盤／小吃**（Tapas/Pinchos）：「輕食／冷盤／小吃」在西班牙蓬勃發展，主要是因為西班牙人正餐時間隔的特別「長」（午餐約兩點、晚餐約下午九點），因此，午后

• 醃燻生火腿

六、七點習慣吃點小東西，這也加速了咖啡廳、酒吧在這些輕食上的用心與變化。另外在西班牙南部某些地區，會有點一杯酒送一盤小吃的習慣。

4. **飲料**：西班牙人以飲酒作樂聞名，酒是他們生活必需品，除了用餐時搭配的紅酒（以歐哈斯紅酒／Riojas最有名）外，也有各種由酒調配出來的飲品，是他們生活不可缺少的消暑聖品。

美食中／西文價格對照表

<table>
<tr><th></th><th colspan="2">海鮮飯</th><th colspan="2">煙燻生火腿</th><th colspan="2">輕食／冷盤</th><th colspan="2">飲料</th></tr>
<tr><td>價位</td><td colspan="2">約27€／2人份</td><td colspan="2">約104'8€／支</td><td colspan="2">約1'5~2'5€／道</td><td colspan="2">約1'5~2'5€／杯</td></tr>
<tr><td rowspan="7">知名品牌／品名</td><td>西文</td><td>中文</td><td>西文</td><td>中文</td><td>西文</td><td>中文</td><td>西文</td><td>中文</td></tr>
<tr><td rowspan="2">paella de mariscos</td><td rowspan="2">海鮮飯</td><td rowspan="2">Jamón ibérico</td><td rowspan="2">伊比利火腿</td><td>patatas con alioli</td><td>蒜香炸馬鈴薯</td><td>Rioja</td><td>里奧哈紅酒</td></tr>
<tr><td>Tortilla</td><td>西班牙蛋餅</td><td>Sangría</td><td>桑格莉亞調酒</td></tr>
<tr><td rowspan="2">paella valenciana</td><td rowspan="2">瓦倫西亞百雅雞肉飯</td><td rowspan="2">Jamón Serrano</td><td rowspan="2">塞拉諾山火腿</td><td>bocadillo de calamares</td><td>炸火枝圈三明治</td><td>Calimocho</td><td>卡里莫求調酒</td></tr>
<tr><td>Chorizo</td><td>辣味香腸</td><td>Gazpacho</td><td>冷湯</td></tr>
<tr><td rowspan="2">paella de arroz negro</td><td rowspan="2">墨魚飯</td><td rowspan="2"></td><td rowspan="2"></td><td>Bacalao</td><td>醃鱈魚</td><td rowspan="2"></td><td rowspan="2"></td></tr>
<tr><td>Croquetas</td><td>炸火腿條</td></tr>
</table>

• 牛排套餐

• 唐吉訶德最愛吃的“duelos y quebrantos”（西班牙臘腸五花肉炒蛋）

①沙拉哥薩城畢拉聖母節遊行隊伍
②瓦倫西亞火節大型木雕藝術品
③瓦倫西亞火節木雕藝術品

娛樂篇

春、夏、秋、冬，不管任何季節到西班牙，他們都有個節慶等著你一起來慶祝！

日期	名稱	地點	內容
12月30－1月1日	跨年（Año Nuevo）	各城市的主廣場	除夕夜晚間12點，大家習慣集結於廣場上，一起跨年，一起迎接教堂敲響零時的12下鐘聲，西班牙傳統是須搭配每鐘響，每敲一下，吞下一顆葡萄，據說鐘響結束的同時也吃完12顆葡萄，可為來年帶來好運。
1月6日	三王節（Día de los tres Magos）	各城市主街	俗稱西班牙兒童節，父母親會送小孩禮物，街上也會有三王遊街並發送糖果。這一天也是冬季折扣季的開始（維期一個月）。
3月15－3月19日	火節（Las Fallas de San José）	瓦倫西亞	節慶期間，市區的每條街會擺放大型紙雕（casal fallero），作品多為嘲諷政治或社會的怪異現象。節日最後一天（19號），除了票選第一名的作品會保留在法雅博物館外，其他皆會當場放火燒毀。
3月23日	情人節（San Jorge）	加泰隆尼亞地區	聖喬治節為加泰隆尼亞地區的情人節，當天情人會互送禮物，而且傳統習俗規定禮物須是男孩送女孩玫瑰花，而女孩回贈一本書。

日期	名稱	地點	內容
3月底到4月初（日期以猶太曆為準）	聖週（Semana Santa）	全國；安達魯西亞地區活動較盛大	西班牙是於耶穌復活節前一星期開始舉行各種宗教儀式。第一天，通常為周日，這天耶穌與聖母聖像會遊街（如同耶穌進入耶入撒冷的第一天），其後會有懺悔者，他們遮蔽全身，只露出雙眼，一般黑色為男性，紫色為女性，並且會手持蠟燭或十字架。
聖週後，約4月18日－23日	四月春會（Feria de abril）	安達魯西亞地區	展覽會場一般只是棚子搭起，以小燈泡裝潢，內有許多傳統酒吧、餐廳，也有表演舞臺。早上街上會有馬隊遊行，婦女會穿著傳統服飾上街，也會到棚子內跳傳統的塞維爾舞（sevillanas）。
6月23日	聖約翰節（Fiesta de San Juan）	各城鎮的聖約翰區或海邊	夏至，6月21日，北半球晝長夜短的開始，而西班牙人慶祝這個晝長夜短的日子，不是在21日當天，而是在22深夜至23日凌晨之間，又稱「聖約翰之夜」。會選擇這個時段是因為一天的結束，不是在日落，而是在隔天的日出，因此，西班牙人認為要延長白天，就要在太陽最虛弱的深夜，築起篝火，給予太陽力量（dar más fuerza al sol）。
7月7日－7月14日	奔牛節（San fermin）	潘普隆納城	其實從7月6日中午12點，市府廣場舉行chupinazo（宣佈節日開於）後，慶祝活動便才能開始！整個禮拜，每天都有活動。夜間城堡公園內會施放煙火，早上八點於舊城區有奔牛活動，九點半有「巨人與大頭」的遊行活動，其他時間在各個小廣場都會有音樂會表演。

日期	名稱	地點	內容
8月的最後一個禮拜三	番茄節（La Tomatina）	瓦倫西亞的布諾小鎮（Buñol）	於早上11點開始，一輛輛載滿番茄的沙石車會開進鎮裡，車上會有人把上頭的番茄往下丟，讓民眾享受一小時的天降「番茄」的奇幻旅程，最後當十四噸的番茄成為番茄「醬」後，節慶便結束。門票10€。
10月12日	畢拉聖母節（Fiestas de Pilar）	薩拉戈薩	主要的慶祝方式為獻花給聖母，而且由於當天聖母會被移置到廣場上的一個金字塔上，因此當地人皆會穿著阿拉貢的傳統服飾遊行，走向聖母，把手中的鮮花獻給她。
10月12日	國慶日（La Hispanidad）	全國	首都馬德里市中心有閱兵儀式，11點國王與王后會到達海神廣場（Plaza de Neptuno），11：30便會有陸、空的遊行表演。所有活動電視臺都會同時轉播。
11月1日	萬聖節（Día de Todos los Santos）	全國	類似清明節，親人要在墳墓前祈禱，並放上鮮花。此節日的經典甜點為：「聖人骨頭」（如杏仁口味的捲心餅乾）與圓型甜甜圈（buñuelos de viento）。
12月25日	聖誕節（Navidad）	全國	西班牙的聖誕假期是從12月24日夜晚到1月6日。西班牙人的慶祝方式為在門戶上放花環，家裡用伯利恆的馬槽，與聖誕樹裝飾。這個時期，彩卷行會發行「聖誕樂透」，由於中獎率很高，又稱為胖子樂透，一張二十歐，許多人會買此彩卷當聖誕節禮物。

• 瓦倫西亞火節木雕藝術品：足球檯

• 瓦倫西亞火節木雕藝術品：政客

Chapter 01

／西班牙首都：馬德里

前言

由於馬德里在1562年才成為首都（西班牙之前首都設在托雷多城），因此在這大城市比起尋幽訪古，倒不如好好享受馬德里特有的「文化氛圍」。馬德里於1992年成為歐洲的文化之都，說真的，它當之無愧，因為要在這座城市享受文化薰陶真的非常簡單，所有的「人文」活動，從古典到現代，從自然到藝術，只要走到普拉多大道（Paseo de Prado）上，便能輕鬆的徜徉在藝術之中了。

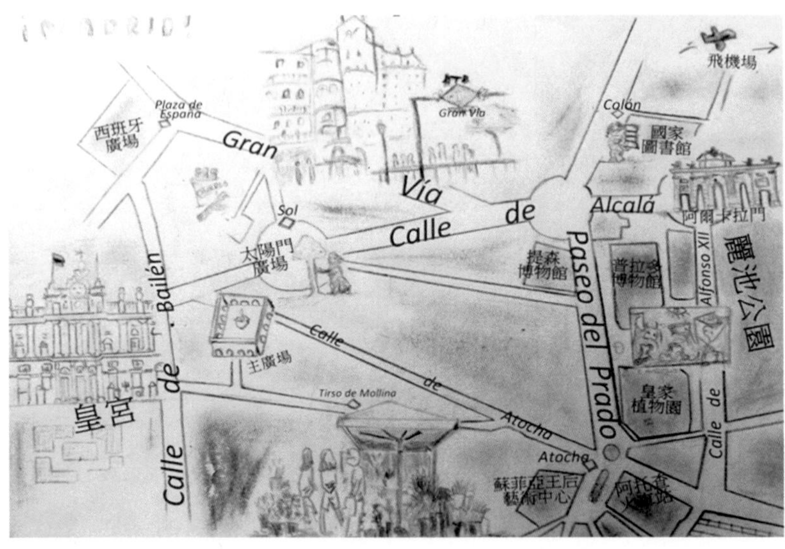

• 馬德市區手繪圖

來和偉大文藝家約個會吧

馬德里在1992年為歐盟指定為歐洲的文化之都，從那時候開始，這座城市便擁有許多贊助文藝活動的資金，在1993至1994年期間最為熱絡，馬德里的歌劇院得到了翻修的機會，一座音樂廳也落成了，阿托查火車站內設立了植物博物館，種滿了來自中南洲的植物等。自此，馬德里就不僅只是個行政中心，還是許多文藝人士落腳的地方了。

• 阿爾卡拉門

• 西貝來斯廣場的郵局是新古典主義建築群

1.文化陶養

（1）普拉多美術館（Museo Nacional del Prado）

全球三大美術館（另兩座為法國羅浮宮、英國大英博物館）之一，收藏來自全歐洲的各類的藝術品，作品從14世紀到19世紀都有，其中以《穿衣瑪哈》、《裸體瑪哈》、《桂尼卡》等最為知名。

普拉多美術館

參觀資訊：
價錢：普通票：14€（＋導覽：23€）；優惠票（老人、學生）：7€。
時段：星期一～六，十點到二十點。星期日、國定假日，十點到十九點。
免費參觀：星期一～六，下午六到八點。星期日，下午五點到七點。

（2）蘇菲雅王后藝術中心（Museo Nacional Centro de Arte Reina Sofía）

現代藝術為主，收藏作品有像胡安・米羅（Joan Miró）的油畫和雕刻，或是薩爾瓦多・達利（Salvador Dalí）的超現實主義油畫。

蘇菲雅王后藝術中心

參觀資訊：
價錢：普通：8€。優惠票（老人、學生）：7€。
時段：星期一～六，十點到二十一點（除星期二及國定假日閉館之外）。星期日，十點到十九點。
免費參觀：星期六，下午二點半到九點。星期日，十點到下午二點半。

（3）提森博物館（Museo de Thyssen-Bornemisza）

為提森・博內米薩男爵的遺產，收藏有八百多幅畫作，從小霍爾斑的《享利八世》，梵谷的《奧維的風光》，高更的《過去》，莫內的《查林十字橋》等各式各樣的作品。

提森博物館

參觀資訊：
價錢：普通票（常設館）：10€（＋特展：17€）；優惠票（老人、學生）：7€（＋特展：9€）。
時段：星期二～日，十點到十八點半。星期六延長到十點到二十點半。
免費參觀：星期一，十二點到十六點。

2.自然風光

麗池公園

悠閒散步，走訪馬德里重要景點，享受當地的人文風情。

麗池公園位於阿方索三世大街（Calle de Alfonso III）上，是與普拉多徒步大道（Paseo de Prado）平行一條街。這裡曾是專屬於皇室的狩獵場，後來開放為公共空間，占地約有100公頃，裡頭有湖泊、水晶宮或一大片的樹林（植有一萬五千顆樹木），而且每一條小徑都有自己的名稱（以西班牙曾殖民過的國家命名），很棒的城市休憩地點。

• 馬德里麗池公園

熊與草莓樹

3.人文風情

（1）熊與草莓樹

位置：地鐵太陽門站出口

特色：馬德里四周的森林裡發現了大量的熊與草莓樹，而草莓樹在西班牙語叫做「madroño」，這也是馬德里（Madrid）名稱的由來，而從中世紀熊與草莓樹就已做為城市的象徵。

（2）皇宮

位置：地鐵歌劇站

特色：為西班牙國王的住宅，但多做為國家宴會廳，未開放民眾參觀。

（3）格蘭大道

位置：阿爾卡拉街路口的大都會大廈到西班牙廣場

特色：類似紐約第五大道，高檔精品店林立，有最棒的百老匯劇院，同時也是歐洲最知名夜生活場所，有無夜城之稱。

馬德里Gran Via大道上的一景

西班牙油條與豆漿

有人説西班牙是伊比利半島上十七個國家組成的，而集大成之處便是馬德里，各式各樣的料理在馬德里都找得到。在此要推薦兩項國民美食：巧克力與油條（Churros y chocolate），以及歐洽塔飲品（Hochata）。這兩樣食在整個西班牙境內的大街小巷都可以吃到，但唯有馬德里的這兩家店，是吃遍整個西班牙都難尋相同的美味。

①聖吉諾的巧克力店內擺滿了明星到訪的照片
②③聖吉諾的巧克力店的巧克力醬與油條

1.巧克力與西班牙油條（Churros y Chocolate）

西班牙油條（Churros）口感就像油條一樣，只是當地人吃的時候會蘸濃稠的巧克力醬。由於是高熱量食物，一般是西班牙人晚上出去玩時，補充體力用的宵夜，營業時間也多是從凌晨，開到清晨八點左右。

位於馬德里市中心的這家聖吉諾的巧克力店，雖然店內的裝潢雖然簡單，但牆面掛滿了中外有名的大明星在此用餐的照片及簽名。成了最引人注目的裝飾品。

它的油條也很紮實，沾上此家店有名的熱熱的巧克力醬，兩者相吸、相融，入口之後，咀嚼著西班牙油條，口齒留住滿滿巧克濃郁芬芳，看稱一絕。很值得上門的一家道地美食。

聖吉諾的巧克力店（Chocolatería San Ginés）

地址：C/San Ginés, 5（太陽門附近，徒步五分鐘路程）

價錢：咖啡1,80€；一杯巧克力2,50€；一份油條1,30€

2.歐洽塔冷飲（Hochata）

歐洽塔是一種源自西班牙東南站瓦倫西亞省的飲品，

是用多種核果類磨成的健康飲料，喝起來滑順可口，類似豆漿，但是又多了一種香甜多，而且口感相當綿密，是西班牙人國民飲料。可以單純飲用，也可以在店裡買一根甜的長條麵包（fartón）浸泡在歐洽塔之中，吃一口會吸滿滿的湯汁的麵包，可是最高級的享受了。

馬德里的這間歐洽塔冷飲店是真的要大力推薦，它是就算我之後旅程到瓦倫西亞省旅行，也沒喝過比它更純，更好喝的歐洽塔了！！

歐洽塔冷飲店（Horchatería Alboraya）

地址：C/Alcalá 125（地鐵站Príncipe de Vergara出口）

價錢：小杯1,80€；中杯2,20€；大杯2,70 €

• 歐洽塔冷飲店內一景

馬德里的交通方式

1.大眾運輸與票價

種類	次數；價錢	範圍
地鐵單程票（Sencillo MetroMadrid）	一次；1'50€到2€	地鐵站A區。1'50€（僅限5站以內），5站以上多一站多€0.1，至多2€
地鐵公車連票（Metrobús）	十次；12'20€	地鐵站A區及市內公車

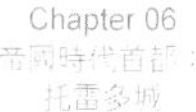

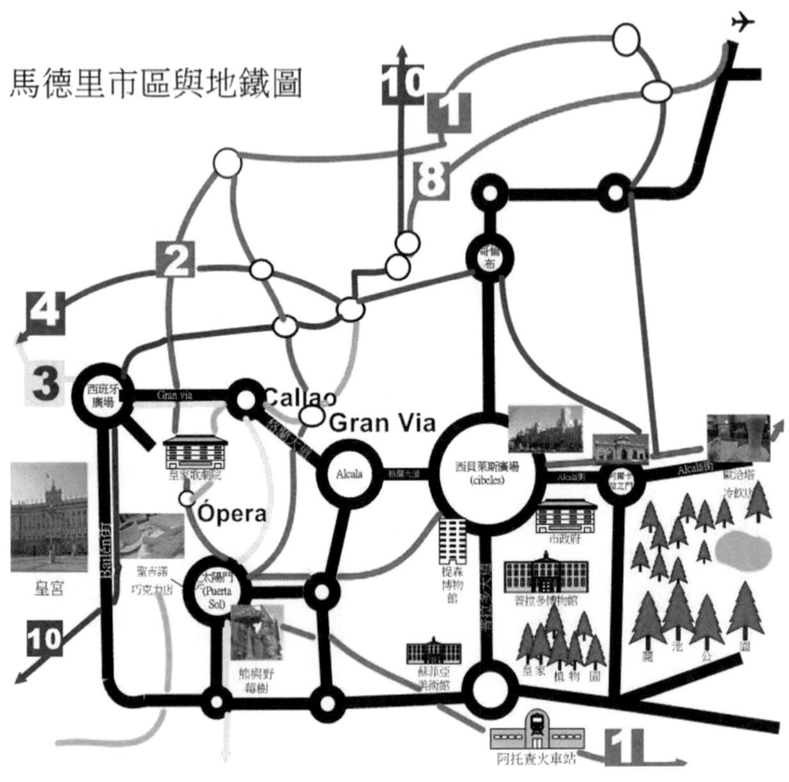

2.機場到馬德里市區

種類	價錢	路線
地鐵	單程票2€+機場附加票3€ T-10票（扣一次）＋機場附加票3€	8號線（紅線）：機場（所有航廈都停靠）→Nuevos Ministerios站（再搭6號或10號線轉往市區）
火車	單程票2'50€	C1線：機場（T-4航廈）→Nuevos Ministerios站→Atocha站→終點：Príncipe Pío站

公車	單程票1,5€	200線：機場→地鐵美洲大道（Avda. de América）站 203線：機場→阿托查（Atocha）火車站
	機場快捷（Exprés Aeropuerto）5€	機場→阿托查（Atocha）火車站（24小時服務）
計程車	到阿托查（Atocha）火車站，29€／到太陽門，30€	

3.馬德里到周邊城市

城市	交通；價錢	車程	景點
塞哥維亞（Segovia）	客運（La Supulvedana公司）；8'09€	75 min	一世紀的羅馬水道橋；城堡，為迪士尼樂園城堡的藍圖；道地的烤乳豬料理
	火車（CHAMARTIN火車站發車）；12'70€	26 min	
托雷多（Toledo）	客運（Alsa公司）；9'62€	90 min	西班牙古都；登錄為世界遺產的城市；十五世紀的托雷多大教堂；摩爾人的工藝物館
	火車（阿托查火車站發車）；12'70€	33 min	
阿維拉（Ávila）	客運（ALSA公司）；8'46€	80 min	伊比利半島上最高的城市；保存完整十一世紀的羅馬牆，並登錄為世界遺產
	火車（CHAMARTIN火車站發車）；12€	84 min	

4.真心不騙，特別推薦的景點

塞哥維亞（Segovia）

對於厭倦都市風景的遊客而言，塞哥維亞是個適合讓人暫時逃出，享受一會兒緩慢的生活的城鎮。它距離馬德里不遠，只要一個小時的車程（如果搭AVE高速鐵路也只要25分鐘而已），就可以讓人有上演「穿越劇」的感覺，以為跌進了中世紀（約為公元476年－1453年）了。塞哥維亞，為聯合國列入的世界文化遺產之一，城鎮中保留了許多中古世紀建築，例如羅馬時代建造的城牆至令仍

Cándido
HORNO DE ASAR
29 10:24AM

28 4:01PM

①塞哥維亞城市一景
②塞哥維亞城的城堡
③塞哥維亞的水道橋

是城市的邊際線，高聳的水道橋（Acueducto）是旅人仰望天空的天際線，居民生活的中心是美麗的哥德式大教堂，小山丘上，有藍色屋頂的城堡是12世紀皇宮貴族的住處（但在此之前，它是主要是做為監獄使用，因此若入內參觀，可看到許多刑囚的道具）。

①貝貝咖啡廳的外觀
②貝貝咖啡廳內全是佛朗哥的紀念商品
③A-4的公路上有名的貝貝咖啡廳內一景

不可錯過的公路風景

A-4馬德里－加的斯（Madrid-Cádiz）

1.《唐吉訶德》小說主要場景

A4公路行經《唐吉訶德（Don Quijote de la Mancha）》小說主要場景，卡斯蒂亞－拉曼查自治區，此處為是八百多公尺的梅塞塔高原，視野寬廣遼闊，一路上都有幾株青綠色的橄欖樹點綴，遠方的山頭可以看見幾座白色巨塔，而那也就是唐吉訶德眼裡的「高大的出奇的巨人。」然而，眾所皆知，那只是幾座磨房的風車正愜意的旋轉著而已！

2.一家愛獨裁佛朗哥的咖啡廳「CASA PEPE」

一間主題餐廳也許不特別，但一間以獨裁者佛朗哥（Francisco Franco，1892年12月4日－1975年11月20日）為主題的休息站，可說只此一家，別無分行。歷史上對佛朗哥政權評價褒貶不一，因為他的獨裁的確為西班牙帶來安定，但他迫害異己，也讓許多人死的不明不白。然而，過去終已成為雲煙，人物的功過在他死亡那天成為歷史，無論好壞，西班牙人都以自己的方式來記住這段時光。因此，佛朗哥咖啡廳座落在A4公路上，也許是最好的位置了，是過往旅客停留的休息站，也是旅人拋下的過往。

地址：Autovía Madrid-Cádiz, km 243-244, 13760

網站：www.casapepe.com

旅行的意義：活在我的現實世界

路程：馬德里到馬拉加

感謝人物：Fina與她的男友

一直以來，我都想要搭便車旅行，不過這樣的行動真的招來許朋友人的擔心，認為這是在對生命開玩笑，把自己置身於危險之中，只要有一次搭上一位心懷不軌的人的車子，發生可怕的意外，將終生遺憾，將是所有愛我的人生命中最悲傷的事情。

未置可否，朋友擔心很有道理，我也明瞭世界上有壞人，知道如果出個差池將變成不可挽救的遺憾，但也許我是個傻子吧！一開始認為搭便車旅行可行的最大原因：我相信這個世界是美好的，我相信世界上好人多過壞人，我相信自己可以排除萬難，完成這趟旅程。

同一個世界，不同的角度，便有不同的「現實」。我的天真，與朋友的世故，讓我們對世界有不同的意見，但是誰對？誰錯？如果無法證明自己的看法，便只能臣服別人的想法。要貫徹信念，必定要身體力行。因為相信世界，不是相信運氣，因為相信人類的善良，不是相信金錢的萬能。因此，我想選擇相信世界，以一種相信人的方式來旅行：搭便車。

世界該是什麼模樣？我不知道，我只知道不是我活過的世界就不是我的世界，別人描述的經歷，述說的生活，感覺的人生，都不是我的生活與感覺，就像達利的《時間》裡扭曲的時鐘，就只是他對時間的感覺，不是我的。唐吉訶德（Don Quijote de la Mancha）是大家口中的無可救藥的瘋子，但對於能夠不理會別人的嘲笑與戲弄，堅定的自己的步伐，為自己所相信的世界奮鬥的人，他成了我心中英雄。

到底為何要旅行？對我而言，旅行是我的心可以隨心所欲的時候，而只有心帶領著我走，我才覺得自己活著，才覺得這才是現實世界。**「我想這就是我們過的生活，和選擇的生活之間的差異」**（這句話是引自電影《朝聖之路The Way》）。

• FINA與Guillermo立可拍照片

Chapter 02

/ 太陽海岸：內爾哈小鎮

①內爾哈洞穴售票處
②內爾哈洞穴入口處的簡介
③內爾哈洞穴內的鐘乳石

前言

西班牙南方的太陽海岸（Costa del Sol），是指從直布羅陀海岸到馬拉加省之間的海岸線，為西班牙南方安達魯西亞地區，最重要的觀光地區。太陽海岸氣候宜人，全年平均19℃，最受英國、法國或北歐等國家喜歡的區域。比起特別的觀光行程，在此地區最好的玩樂方式：享受自然風光，悠閒的在小漁村輕鬆愉快的度過暑假。

探訪史前洞穴，傾聽佛朗明哥

太陽海岸接連地中海，所以這個地區冬暖夏涼，是許多歐洲人選擇渡假、養老的地方。當然，這裡受歡迎的理由，不僅是天氣

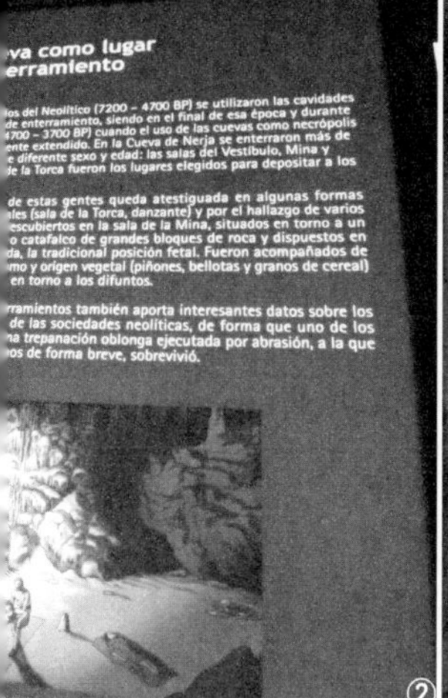

②

③

人而已，岸邊的人文活動也是非常精彩，白天不僅可去做日光浴，也可走訪史前人類居住的洞穴，在急流的溪水中從事溯溪活動；夜晚除了流連一間又一間的酒吧外，在海岸邊還有許多佛朗明哥表演，等著旅客駐足欣賞。

1.內爾哈洞穴（CUEVA DE NERJA）

列為聯合國的自然遺產。洞穴至少已經42,000年的歷史，為目前人類發現最早的史前人類繪畫地點。最古老的藝術家所創作的「海豹」。洞內還有世界上最大，32尺高的鐘乳石柱。

內爾哈洞穴

參觀資訊：
冬：10：00~14：00，以及16：00~18：30。七、八月：10：00~19：30。
閉館日：五月一日，五月十五日。
票價：成人9€；6~12歲5€；6歲以下免費。交通：市公車（Nerja-Cuevas路線），票價：1€。

2.白色山城（Frigiliana與Nerja）

在許多歐洲國家，白色山城是羅馬人的創意，但在西班牙，白色小鎮是由北非摩爾人所建立的。只要來到太陽海岸，到處可見依山而建的白色小鎮，如果有機會親臨拜訪，就會發現蜿蜒狹窄的街道和小巷內只見一棟又一棟相像的白色小屋，是讓人失去方向的迷宮，只能憑著直覺漫無目的地的行走…，但這也許便是白色小鎮最讓人流連忘返之處了。

白色山城

參觀資訊：
交通：市公車（Nerja-Frigiliana路線）
票價：1,00€
其他路線查尋：http://www.nerja.es/turismo/index.php?apdo=bus

白色山城

• 溯溪

3.Higuerón河溯溪

Higuerón河四周的景色相當漂亮，此外也適合所有年齡層來溯溪。只要小心水流的力量，別輕忽岩石上的綠苔，幾乎每個人都能走完整條河床。最後到達上流會有瀑布區，是個乾淨的游泳池，也很適合野餐。

Higuerón河溯溪

參觀資訊：
位置：路離Frigiliana鎮的大廣場五分鐘路程。

4.佛朗明哥表演（Flamenco）

起源於南方的安達盧西亞地區，主要是受到北非的摩爾人和猶太人的影響，以及其後吉普賽人的音樂風格。表演分成唱、跳兩部分。以吉他和歌聲為主，而跳舞是即興演出。海岸邊的餐廳、酒吧，及海灘都可欣賞到佛朗明歌表演。通常酒吧內的表演無門票，須在店內消費一杯飲料即可。

5.歐洲陽臺（Balcón de Europa）

歐洲的陽台無疑是內爾哈小鎮最具象徵性的地方，沒有人會想錯過站在這個美麗的陽臺上，欣賞太陽海岸的風景。它的名字是由國王阿方索十三世命名。當他在1885年視察此地區時，在自己所站的平臺上驚呼：這是歐洲陽臺！這處陽臺在古時候，主要用來襲擊來自法國和英國的船隻。當然，現在陽臺已沒有軍式設備，而是由一間間酒吧，咖啡廳所占領了。

歐洲陽臺

參觀資訊：
位置：歐洲陽臺位於內爾哈小鎮。

6.西班牙夏天的海邊，就是要吃冰淇淋&海鮮飯

夏天就要吃冰！這是走到哪都通用的準則，更別說是西班牙了，夏天氣溫可達到40℃~50℃，冰淇淋是必需品，因此所有咖啡廳，書報攤都會擺上一台冰箱，做起冰淇淋的生意。在西班牙冰淇淋可說是到處都有，各有特色，不分千秋。在此介紹的這家內爾哈洞穴餐廳內的冰淇淋，幾乎是所有去參訪內爾哈洞穴（CUEVA DE

• 佛朗明哥

• 歐洲陽臺

NERJA）的人，都會進去吃上一支的冰品，不過理由不只是因為冰淇淋好吃，更是因為店裡別有洞天，能讓您眼睛也能吃冰淇淋！

（1）內爾哈洞穴餐廳（restaurante Cuevas de Nerja）

於內爾哈洞穴旁，提供buffee自助餐，咖啡廳和冰淇淋。此店最聞名的不是食物，而是風景。太陽海岸最經典景色：一棟棟白色小屋，馬老沙灘，湛藍的大海與藍天全都收錄在這間餐廳的落地窗前了。

（2）馬老海灘（playa de maro）

是一處偏僻的海灣，它是大自然鬼斧神工的作品，此海灣雖然只有500米長，但四周有山丘圍繞著，海域平靜，適合浮潛，划橡皮艇。如果想遠離喧囂，此處絕對是可充份享受大自然的寧靜美好的海灘。

- ①冰淇淋
- ②內爾哈洞穴餐廳窗外的風景

內爾哈洞穴餐廳

地址：Recinto Cueva de Nerja, s/n

價錢：套餐：11'5€；咖啡：1'3€；冰淇淋：2'5-4'5€

由於太陽海岸是歐洲觀光客喜歡度假地點，當地餐廳偏向「國際」口味，多以披薩、漢堡等速食為主，不過，在這之中有一家西班牙餐廳AYO，提供道地的西班牙海鮮飯（Paella），成功擄獲外地遊客的胃口，成為大家來到太陽海岸必吃美食。

（3）西班牙海鮮飯（Paella）

西班牙四面環海，魚產豐富，因此，海鮮飯所使用食材都相當的肥美新鮮，而且還會添加世界上最貴的香料，番紅花（Azafrán），不僅把米飯染得黃黃的，還會產生一股特殊的香氣，成了一道色、香、味俱全，最有西班牙風味的道地美食。

關於Paella的中譯：西班牙語Paella字源於Paellera（鍋子兩側有兩個把手的平底鍋），只要是米用這種鍋子煮出來的料理就稱Paella（西班牙海鮮飯），其中最為人所知的瓦倫西亞海鮮飯（Paella Valenciana），它的食材只有雞肉和四季豆，很明顯中譯「西班牙海鮮飯」名字有所誤差，但是此名字已經廣為流傳，再加上西班牙的確以海產出名，的確該點「西班牙海鮮飯」解解饞。

AYO

地址：Burriana Beach（位於內爾哈小鎮的沙灘上）

價錢：7'50€（提供海鮮飯吃到飽）

・百人pallera煮出來的海鮮飯

・黃澄澄的海鮮飯

太陽海岸的交通方式

1.馬德里到太陽海岸

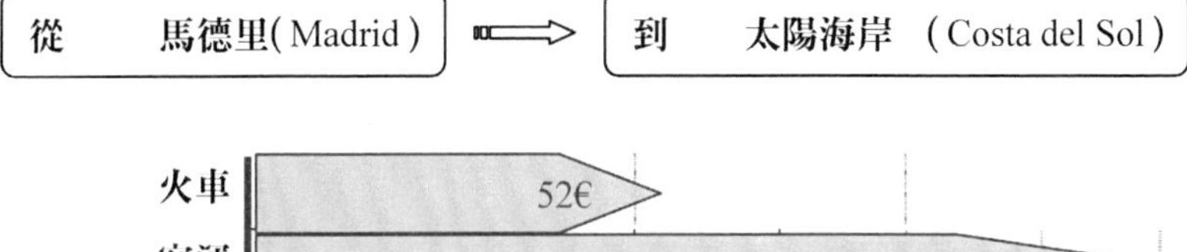

（更新至2015年12月）

2.太陽海岸的交通介紹

（1）馬拉加機場→市區

種類	目的地	名稱	價錢	路線／時間
公車	馬拉加市區	機場快捷（Express Aeropuerto）	3 €	起點為T3航廈地下一樓的公車站／6：25到23：30（約每30分鐘一班）
	馬爾貝拉（Marbella）	馬爾貝拉－機場 Marbella-Aeropuerto	9'20 €	起點為T3航廈零層的公車站／7：15到22：15（每一小時一班）
火車	行經Fuengirola, Benalmádena, Torremolinos與馬拉加市中心		1'70 €起	位於T3航廈離境廣場外
計程車	平日0'86 €/km；假日1'06 €/km			

（更新2016年10月）

①

(2)太陽海岸的馬拉加到周邊城市遊玩

城市	交通;價錢 (從馬拉加出發)	車程	景點
馬拉加 (Málaga)	公車(單程):1'30€; 公車(十次票):8'30€		適合散步的城市,不管是到畢卡索博物館,海邊或是來一趟文化之旅,這些全都位於市中心,僅幾步之遙而已。
內爾哈 (Nerja)	客運(Alsa公司); 4'52€	80 mins	狹窄的街道,矗立在海邊的白色房子。有「歐洲陽臺」,可以從陽臺上看到歐洲最美的海景。另外,更是不能錯過內爾哈洞穴,不僅可以瞭解最古老人類的生活方式,此洞穴也保有史前人類繪畫的證據。
阿爾梅利亞 (Almería)	客運(ALSA公司); 18'76€	4.45 hrs	歐洲唯一的半沙漠地區;加塔海角(Cabo de Gata)為當地重要的天然文化遺產;是西班牙知名影視文化城迷你好萊塢(Mini Hollywood)的所在地;主要經濟為農業區,因此當地可看到許多用白色塑膠棚搭建起來的溫室。

(更新2016年10月)

①阿爾梅利亞的帥哥兄弟檔，右為David，左為LuisMiquel
②阿爾梅利亞的迷尼好來塢一景
③阿爾梅利亞的海灘美女

3.真心不騙，特別推薦的景點

阿爾梅利亞（Almería）

阿爾梅利亞是一處旅遊書上相當少提及的地區，主要因為它從馬拉加城到此地須半天以上的車程，路途遙遠，因此較少觀光客蒞臨。但是，這也許對一位想要認識傳統西班牙的背包客而言是最好的地方了，此處完全不似其他南方過度商業化的城鎮，阿爾梅利亞直到目前止仍保持著道地的西班牙風情。在此，不僅可以感受到西班牙人傳統，當地的酒館也是少數西班牙境內維持點酒送小菜（tapas）傳統習慣的地方，海灘也是完全保留給遊客與海水的，而不是出租遮陽傘座椅的攤販！

旅行的意義：感覺生活

住宿地點：內爾哈小鎮

感謝人物：Larry與她的太太

我在內爾哈小鎮（Nerja）是與一對老夫婦生活將近一個禮拜。我們每天的行程都相當悠閒，Larry先生則會開始著手進行他正在出版哲學書籍的工作，而他的太太會準備下午的肚皮舞課程，至於我一整天只需負責張羅午餐就好了。

其餘不工作的時間，我們偶爾會到河邊溯溪，或到海邊散步，或到社區裡的游泳池游泳，然後在日落時分，坐在太陽海岸邊的露天咖啡座上，看著白色山城被夕陽染上一片紅暈，我們才像海浪打在岸上的白色泡沫，消失在岸邊。

夜晚，喧囂的海邊變得沉默，白日不起眼的山城卻跟著月亮復活了，一棟棟小屋成了點點繁星，一間間酒吧傳出高亢的佛朗明哥的歌聲，旅人們在山城巷弄中流連，享受西班牙夜晚的涼爽與歡愉。在西班牙，夜更深，人卻更多。所有的年輕人都出門享受西班牙著名的夜生活：Salir（西班牙語，音近莎力）…。直到星辰隱沒，曙光乍現，山城才又回復平靜。

日復一日，吃飯、聊天、散步、午休、夕陽、佛朗明哥舞、飲酒作樂…，時間推著時間往前行，人們踩著日子過日子。生活在盛夏的太陽海岸，彷佛置身於一部歐洲的文藝電影，步調緩慢，背景音樂為韋瓦爾第的小提琴協奏曲，所有人全都漫無目的的講著話，走著路…。看似在上演一出主題不明的電影，但卻是歐洲人生命的主題：C'est La Vie〈法語，這就是人生。）

• 感謝人物，左為瑞典人Larry，右為他的太太Jessica

LIFE：生命即生活

我很喜歡外文的「生活」這個詞，英文是LIFE，西語是VIDA，法語是VIE，因為這些字同時又包含了另一個意思：生命。我們的生活，我們的生命，在外文裡都用同一個字，所以他們會說：「為了活下去而工作，不是為了工作才活下去（Trabaja para vivir, no vivas para trabajar）。」但是我們中文的卻用兩個詞彙來表達同一件事，所以我們總認為：「沒有工作，就沒有生活。」然而，生命與生活明明就是同一件事，難到我們沒有工作，就會死掉嗎？不會的，我們還是會繼續活著，還是能擁有我們的生活！

我在內爾哈居住的這一周內，沒有閱讀一本書，沒有接受任何電視新知，更沒連接網路好與世界同步，每天都只是很認真的與這一對夫婦一起過生活，享受每一個當下，好好的吃、喝、玩、樂，但只是這樣，我卻覺得自己生命非常的飽滿。

這是一種很特別的感覺，在台灣只要忙碌的生活有片刻的空檔，空虛便會襲來，但是現在只是好好過生活，一點「產能」都沒有，生命卻感到充實。或許，只要我們做自己想做的事，有感覺的生活，那麼生命便會有所獲得。這些話聽起來很老套，也許很多人早就知道了，但是讓「知道」變成我們可以「感覺到」的事情，才是重要的，就像我曾在某本英文雜誌讀過的文字：

> Knowing something isn't enough to cause change. Make people (yourself) feel something.（知道某事不會讓人改變。感覺到某事才會造就一個人。）

到底為何要旅行？對我而言，因為旅行讓我們有機會把「知道」變成自己的感覺，變成自己內在的生命能量。這也就是為什麼，旅行時，我才覺得自己活著。

Chapter 03

／紅石榴之城：格拉那達城

前言

如果三國時代的關羽可以身在曹營，心在漢，那麼格拉那達城便可說是「**身在歐洲，心在阿拉伯**」。這座位於西班牙南方安達魯西亞地區的城市，從八世紀（711年）到十五世紀（1492年）受到北非的摩爾人統治，經過七百多年穆斯林文化的洗滌，讓當地目前還留有濃濃的阿拉伯風味：阿爾拜辛區（Albayzín）的鵝卵石街道，摩洛哥商店內燃燒的薰香，幽暗的巷弄間佛朗明歌舞者揮灑著的汗水，沙龍店中遊客吞吐著水煙…等，這些氣味都讓整個格瑞那達城沉浸在阿拉伯世界的慵懶之中。

【摩爾人】

西班牙人把所有曾統治過（或待在）伊比利半島的阿拉伯人、敍利亞人、埃及人，以及柏柏爾人，總稱為摩爾人。

走進歐洲的阿拉丁童話故事中

1.阿爾罕布拉宮（La Alhambra）

這是一座在13-14世紀，由穆斯林建造的紅色城堡，原本做軍事用途，後來改為納薩利王朝的國王寢宮。目前列為聯合國教科文組織中的世界遺產。每天有八千位以上的遊客到訪。皇宮內最熱門的宮殿以阿爾卡扎巴堡與獅子宮為主，且進入獅子宮需依門票內所約定時間才入內參觀。

（1）阿爾卡扎巴堡（Alcazaba）

是園區內最古老的建築，穆罕默德一世時建造，做為軍事要塞，由三個像船首的形狀一樣的不規則矩形的塔形組成。由於本以軍事為目的，故內部有兵工廠，糧食倉庫，也有軍隊居住的浴室、廚房等。

（2）獅子宮

名稱由宮庭中心的12隻獅子的小噴泉而來。由於《可蘭經》禁止裝飾品上有人或動物，因此推測宮內的獅子或國王畫像都是西班牙的天主教國王征服後，所整修的結果。水是穆斯林建築裡重要原素，故可見廳裡每個房間都有渠道流經，象徵生命及轉變，就像人的身體一樣，永遠都在變化。每個廳都用了大量幾合磁磚來裝飾，所有空白的牆面、屋頂全都刻上了《可蘭經》文，非常壯觀，也非常優美。

實際上，整座阿蘭布拉宮是座開放的大花園，除了重要建物須門票外，其他皆可入內散步。建議在格瑞那達城旅遊，可利用傍晚散步至此，漫步在皇

①香桃木院
②阿爾罕布拉宮內的獅子宮

宮，建築的斑駁、花草的興茂與旅客的喧囂，都可讓人更感受出阿爾罕部拉宮的美麗與哀愁。

阿爾罕布拉宮

參觀資訊：
票價：成人：14€；兒童（12歲以下）：免費；青少年（12歲至15歲）與行動不便者：8€；老人（65歲以上）與國際青年證：9€。
參觀時間：冬季時段（10月15至3月14日）：一到日：08：30到18：00；星期五與六開放夜間參觀：20：00到21：30。
夏季時段（3月15至10月14日）：一到日：08：30到20：00；星期五與六開放夜間參觀：22：00到23：30
地址：C/ Real de la Alhambra, s/n,

• 從阿爾罕布拉宮看出去的格拉那達城

• 從聖尼古拉斯瞭望台看到的風景

2.聖尼古拉斯瞭望台（Mirador San Nicolás）

從此瞭望台可以看見西班牙最美的風景：整座阿爾罕布拉宮，它的雄偉與壯闊，一收眼底，山腳下的房舍全都顯得渺小與微不足道，而唯一可與這座人類偉大結晶媲美的，就只有遠方山頭白雪靄靄的內華達山山巔了。看著這樣的景色，易叫人不禁感嘆，一座曾經那麼高不可攀，另人畏懼的紅堡，是穆罕默德一世（Mohamed I）的寢宮，是接待西班牙天主教國王查理五世（Carlos V）的宮殿…，是一切傳說的開始，但如今，所有英雄豪傑都走了，就只這剩下這座偉大的宮殿與夕陽餘輝相互映照。

聖尼古拉斯瞭望台

參觀資訊：
前往此瞭望台有兩種方式：從市中心走路前往，約15-30分鐘，或搭31號小巴（在San Salvador教堂下車）。

3.阿爾拜辛區（Albayzín）

位於阿爾罕布拉宮對面的小山上，屬於老的阿拉伯區，是聯合國教科組織列入世界文化遺產的社區。此地最風光的時代是在納薩利王朝（Nazarí）統治下，當地住了四十幾萬人，有三十多間清真寺。其後，由西班牙天主教國王收復，並下令所有境內的穆斯林都只能區居住在此，但多數回教徒不願意，並發動抗議與暴動，最終全都遭到驅逐，離開西班牙的國土。

享受此區的方法很簡單，不須任何嚮導，只要隨意在巷弄中散步，張開雙眼，就能欣賞到一棟棟獨具風味的阿拉伯風味的房舍了！

①阿爾拜辛區一景
②充滿了阿拉伯風味的阿爾拜辛區
③從聖尼古拉斯瞭望台看到的山城

一口白煙，是阿拉伯人的茶室

小時候在床邊讀著《天方夜譚》時，曾幻想過阿拉伯世界的模樣，長大後，也曾想去那座神秘的半島上一探究竟，但或許是因為政治、經濟、治安、語言…等因素，阻止自己把旅行赴諸實現。然而，當我走進格拉那達城的阿爾拜辛區（Albayzín），就發現那裡彷彿是從前曾幻想過的阿拉伯世界，許多穿著長袍的中東人坐在裝飾豪華的的沙龍中，吞吐著各種口味的煙草，彷彿他們就真的徜徉在自己的故土之中。

②

③

1.茶室（Tetería）

西班牙的水煙店都叫茶室，原因是由於西班牙在2011年1月2日開始實施煙害防治法，所以光明正大，鼓勵人在雲霧裡悠遊的水煙店就成為非法場所。然而上有政策，下就有對策。所有水煙館為因應政策的方法，就是改名為茶室，而且這個名稱一點也不違背他們實質販賣商品，因為他們是真的在賣茶、水，只是品嚐的方式略有不同：茶葉不是泡來喝，而是蒸來抽。

Tetería

地址：多集中在阿爾拜辛區

價錢：3€

注意！抽煙有害身體健康！

2.「義大利人」冰淇淋店

雖然格拉那達城帶有那麼濃濃的中東風情，也許認為要來趟阿拉伯餐廳，然而事實上，《義大利人》冰淇淋店卻略勝一籌，它是只要到此城市，不管老少婦孺，居民或遊客，都「想吃」上一口的冰淇淋。當然，它的美味無庸置疑，但它的成功卻有個重要推手：當地太陽太毒辣（夏季白天可達攝氏45度以上）！

有人說，冬天最糟糕的事，是格拉那達城的「義大利人」不開門。「義大利人」是當地最老的冰淇淋店，超過70年的歷史，為義裔的家族事業，初名為「威尼斯人」，但大家都叫他們義大利人，故有了現在的名稱。

• 義大利人冰淇淋店內一景

可能由於店面位於大教堂（Diego de Siloe）對面，所以做法很傳統，品質也是良心保證，受到許多美食家的推薦。口味多元：開心果，雪利酒，牛軋糖，巧克力...一切你想得到的滋味都有。

店內不大，為狹長形，只有幾張桌椅提供店內食用，但由於櫃臺後方有一面大鏡子，照映著店內的精緻燈具與瓷器，故讓人覺得寬闊且典雅。此店位於Gran Via大道上，就在大教堂的正對面。真的不用擔心找不到它，因為從它店門口排隊的人潮，就可以知道你已經到了城市裡最好吃的冰淇淋店了。

義大利人

地址：Gran Via de Colon nº 4（位於大教堂對面）

價錢：甜筒1€-1'5€-2€；紙盒1'20€-2'20€-6€-12€

注意！他們只做三月到十月的生意喔！

格拉那達城的交通方式

1.納爾哈到格拉那達

從　馬拉加（Málaga）　126.5 km ⇨　到　格拉那達（Granada）

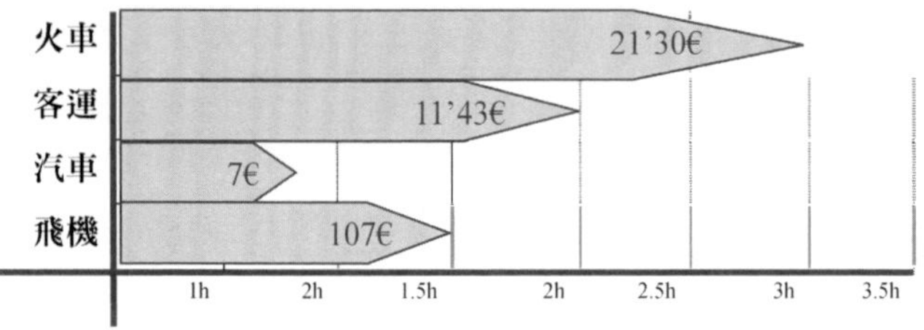

（更新2015年12月）

2.格拉那達城的交通介紹

種類	次數；價錢	範圍
通普票 （Billete Ordinario）	一次；1'20 €	C1：阿爾拜辛區－市中心 C2：聖山（Sacromonte）－市中心 C3：阿爾罕布拉宮－依莎貝爾廣場 C1與C3：約八分鐘一班 C2：約二十分鐘一班
（夜間）貓頭鷹公車 （Bus Búho (nocturno)）	一次；1'30 €	

（更新2016年10月）

• 公車

旅行的意義：遇見蘇格拉底

路程：內爾哈小鎮到格拉那達城

感謝人物：Larry

關於行車紀錄器與違規檢舉獎金

・瑞典紳士Larry

開往格瑞納達城的路上，有一輛排放黑煙的汽車恰巧行駛在我們前頭，因此，我興致高昂的告訴瑞利，台灣很少有這樣的事情，因為這種車馬上就會遭受檢舉，而這完全要歸功台灣大部分的車子都有裝行車紀錄器，駕駛人可以利用影片檢舉違規車輛，獲得檢舉獎金（只有環保類的才有喔！）。

瑞利說：「這樣很不好，人民不該做警察做的事。」

答：「可是人人都有責任讓世界變得更好！」

問：「你知道蓋世太保嗎？」

答：「哪有這麼嚴重。」

瑞利回應：「每一件事都有個開始…。」

…

【蓋世太保】

納粹德國的秘密警察。初期只是警察組織，後來卻成為實施「最終解決方案（屠殺猶太人）」的單位。

沉默，因為我瞭解瑞利在表達什麼了，他並不認同人民可以執行公權力，但我卻從來沒有想過這個問題。住在他家裡的一周，身為教育家的瑞利常常分享自己的理念：**是、非不是用結果論，而是出自一種受過教育後的判斷法，這也就是我們受教育的目的，重點不在於腦袋裝了多少東西，而是人學會思考，能明辨是、非，懂得解決問題。**

我一直以為自己是個知識份子，但今日與瑞利的談話，卻帶給我很大的反思，其實我並沒有那麼好。我現在所處的位置與高度，都只是來自文憑與外界的肯定，但如果沒有了那些，我還是我嗎？沒有了相對高度，我能定位出自己的絕對高度嗎？

雖然前往格瑞納達城的對話只是閒聊，對我卻很重要，因為當我內心暗自決心要找到自己的「絕對高度」之後，從那一刻之後，只是一個心中的決定而已，我所看出去的世界就變了，那是種很奇妙的感覺，人、事依舊，可是我就是覺得世界不一樣了，自己就像剛摘下有色眼鏡的人，又重回到「見山是山」的世界，眼前望去的人，再也不是由「背景」支撐出來的「人形」，而是只有真實行動的模樣存在。

一段意外的對話，讓我便醒悟了，而這也讓我更加確為何自己喜歡旅行。我的旅行絕不是只是單純的移動去看不同的世界，更不是為了征服世界，而是為了旅途中的一段路，一段話，讓自己接下來的人生有了改變的機會。

到底為何要旅行？對我而言，是讓自己得到機會能像《深夜加油站遇見蘇格拉底》的主角一樣遇見智者，藉由他來提醒自己思考：「你知道你自己在做什麼嗎？」

Chapter 04

／安達魯西亞首府：塞維亞城

前言

塞維亞，一座位於在瓜達爾基維爾河畔的美麗的城市，它是南方安達魯西亞地區的首府。此座城市揭開西班牙輝煌帝國時代的序幕，哥倫布在此宣佈發現美洲新大陸，這一個華麗的轉身，讓它從此成為西班牙最重要港口城市，商賈川流不息，經濟與人口快速成長。16世紀的塞維亞是歐洲最重要的城市，所有航行到美洲大陸的船隻，不論英國、義大利或法國都要在此裝載貨物。

塞維亞的失去，佔有與期盼

1.西班牙廣場（Plaza de España）

塞維亞為了在1929年舉辦世界博覽會，因此建設了西班牙廣場與瑪麗亞路易莎公園（Parque de María Luisa）。廣場直徑為200米，內設有小型運河，代表著從前歐洲從塞維亞出航到美洲的瓜達爾基維爾河，而廣場設計成半橢圓形，是象徵西班牙懷抱前殖民地的歷史。廣場經由四座橋樑跨過運河接壤建築，四座橋分別代表古西班牙的四大王國：卡斯蒂利亞，萊昂，阿拉貢和拿瓦拉。雖然沒有設置公用坐椅，但整個拱型建築物的底部都有椅子形狀的大理石，座椅扶手部分有彩繪，貼上陶瓷壁畫，上頭繪有西班牙各地不同的風俗習慣、重要歷史事蹟或節日場景，共48個省份，按字母順序放置。整個建築是由磚與陶瓷裝飾，格子狀的天花板，帶有很濃厚的新穆德哈爾建築的伊斯蘭風格。

①西班牙廣場
②西班牙廣場一景

2.瑪麗亞路易莎公園（Parque de María Luisa）

公園就位在西班牙廣場出口旁，是於1893年，由公主瑪麗亞，蒙彼利埃公爵夫人（Duquesa de Montpellier）捐贈給塞維利亞市。整個公園綠意盎然，到處都是樹林，綠籬與噴泉，有獨特異國園林設計，融合中東式，英式、法式風味，每一個轉彎，便會都會帶來一處獨特的風景，令人回味的感官的享受，不管是當地人和陌生人可以享受。其中比較有名的風景是貝克爾的榮耀，那是紀念西班牙浪漫詩人貝克爾（Gustavo Becquer）雕像，一旁還有三個年輕女孩的雕像，這三個女孩就如同他最有名的詩：*逝去的愛－X韻（西文：El amor que pasa, Rima X）*所代表愛中的失去、佔有和期盼。

3.塞維亞大教堂（Catedral de Sevilla）

前身原為清真寺，於今教堂仍可見高聳的吉拉達（西班牙語為La Giralda）的鐘樓，高104.1米，非常具有伊斯蘭的風格，從中世紀以來就是塞維亞的重要地標。西班牙國王斐迪南三世（Fernando III 1199-1252）於1248年奪回此地，便決心要把此處改建為一座「巨大到讓看見它的世人都認為我們是瘋子的教堂。」

傳說國王在收復塞維亞前，曾做過一個夢，聖母抱著聖子出現在他的夢裡，並對他說：費爾南多，因為你的忠誠，我會讓你收復塞維亞。因此，當一切如夢境所言，收復了塞維亞之後，他便認定教堂裡的聖母像要如他夢裡所見的一樣，只是當時無人可以達成這項任務，直到三個年輕人出現，表示願意嘗試，唯一的條件是不能看他們工作。他們獨自關在工作室裡幾個小時後，就不再有敲打聲，國王派人察看，卻已不見年輕人的蹤影，房裡只有現今教堂內的聖母與聖子像。

教堂於1433年開始動工，在1507年完工，是西班牙最後一個建造的哥德式風格的教堂，也是當今世界上第一大的哥德式教堂，與第三大的教堂（第一為羅馬的聖彼得教堂，倫敦的聖保羅教堂）。國王費爾南多三世是塞維亞的守護神，他於1252年去世，埋葬在塞維利亞大教堂裡，並且他的忌日5月30日在當地會有慶祝活動。

塞維亞大教堂

參觀資訊：

時段：星期一：11：00到15：30；16：30到18：00（下午時段有免費西文與英文導覽）星期二到六：11：00到17：00。星期日：16：30到18：00。

價錢：全票：9€。學生票（25歲以下）：4€。視聽導覽：3€。

免費：塞維亞當地居民、14歲以下的兒童、身障者與失業者。

地址：Plaza de la Virgen de los Reyes

• 西班牙廣場內的運河

• 塞維亞大教堂的清真寺柱塔

4.皇家煙工廠（Real Fábrica de Tabacos）

比才（Bizet）歌劇作品《卡門》裡的煙工廠便是以此為背景，這是十八世紀裡，西班牙的最大的工業建築之一，是棟新古典建築，目前是塞維亞大學的一部分。

它也是當時全歐洲第一個生產鼻煙的工廠，而多數在製煙的工人都是婦女，因為生產方式較彈性，是較以個人為中心的工作。

皇家煙工廠

參觀資訊：
時段：時段：星期一到五，8：00到20：30。
價錢：免費
地址：la calle San Fernando, nº4

• 皇家煙工廠大門

皇家指定糕點店

安達魯西亞，炎熱是此地區的代名詞，而塞維亞最流行的消暑行為：大口大口的灌進Gazpacho（冷湯），或是待在咖啡館內什麼也不做，慢慢品嚐一塊皇家甜點，讓人心情愉悅的渡過愜意的午後時光。因此，在此介紹塞維亞市區內歷史最悠久，最受當地人推崇的坎帕納糕點店。

坎帕納糕點店（La Campana）

是塞維亞市中心最古老，最有名的糕點店，位於熱鬧的坎帕納廣場（plaza de la Campana）旁。於1885年，老闆安東尼奧（Antonio Hernández Merino）開設，此後便成為當地人聚會的老地點。這家糕點店從成立以來，都是以傳統美味烘焙食品為主，糕點一定都是每天新鮮現做，最有名的甜點有「塞維亞蛋黃糕」（西語：Yemas Sevillanas，內餡為蛋奶酥的糕點），「杏仁舌」（西語：Lenguas de Almendras，杏仁餅乾）和「天堂布丁」（西語：Tocino de Cielo，雞蛋布丁）與「杏仁糖千層派」（西語：Mihoja de turrón）另外也有棕櫚糖，水果塔，芝士蛋糕，鬆餅，巧克力和冰淇淋…。其中，「天堂布丁」是西班牙皇室指定款。的店內裝潢非常現代，用透明玻璃櫥窗來呈設所有的糕點。用餐座位是在外面廣場的露臺。

坎帕納糕點（La Campana）
地址：Calle Sierpes, 1 y 3
價錢：1.5 - 3€

• 坎帕納糕點店內部的點餐區

• 坎帕納糕點店

塞維亞到哥多華的交通方式

1.格拉納達城到塞維亞城

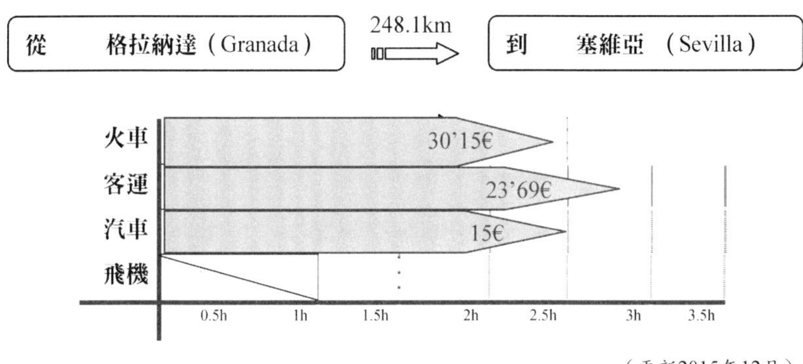

（更新2015年12月）

2.塞維亞的的交通介紹

市區內的重要景點，距離不遠，皆適合徒步前往。

種類	次數；價錢	範圍
公車票	單程；1'40 €	市區公車皆可
地鐵票	單程；1'35 € （跨1區是1'60 €，2區是1'80 €）	地鐵0、1、2區搭可
綜合票 （Tarjeta Multiviaje）	10次；1'35 €	通用於同區內的地鐵與公車

• 塞維亞的移動

旅行的意義：感覺對了，我們就出發

路程：格瑞那達城 → 龍達
↘塞維亞

感謝人物：種植皇家小黃瓜的David、
法國一家人、來自羅馬尼亞油漆工與廚師

「讓陌生人上自己的車」跟「上一輛陌生人的車」，你願做哪一個？在台灣也許會從這兩個選項裡碰出第三個選項：「以上皆非」。畢竟「陌生人」在我們腦海中所出現的關聯詞都有點負面。然而，情況在西班牙似乎不太一樣，因為西班牙人最大「優點」：不懂得說NO。所以只要找到機會攀談，要「搭便車」其實並不那麼困難，因此我遇見的多數西班牙人都很願意載送一程（老實說，在西班牙搭便車根本不是挑戰）。當然，還是有例外：實在太不順路了！

從格拉那達城到龍達城的路途，真的是與眾人「背道而馳」的一段路。離開格拉那達城還算順利，一開始有個種小黃瓜的帥哥農夫載了一段路，並且在太陽海岸附近下車。至此之後，怎麼問都沒有人要到那座位於峽谷上的龍達城了。

四個小時，車子來來往往，看著每位司機的搖頭，聽著別人的道歉，但這並不叫我挫敗，不是我天性樂觀，而是西班牙人真的很友善，在我想像中，拒絕陌生人搭便車應該更加直接與無情，我以為正常的反應是該像驚弓之鳥，四處逃竄，不然就是把我當成空氣，視若無睹，我以為這才是人之常情。但在西班牙，出乎意料，他們對待一個陌生人（如我）的乞求，卻是用一種尊重的方式來回

• 種植皇家小黃瓜的David

應。雖然答案是否定的，但他們的理由是真誠的，也讓我知道自己計畫的魯莽：夏天沒有人會到龍達城，那裡太熱了。

那麼，我到底為什麼要去龍達城？其實沒有特別理由，只因為它在地圖上看起來離格瑞那達城不遠（但沒人要去的城市才是遠）。一直嘗試到下午八點多，仍徒勞無功，最後只好搭上一名法國中年男子開著一輛小型休旅車到十公里處的馬貝拉鎮（Marbella），想著在那過夜，另做打算。

不過法國大叔和我們一樣的是外地人，對西班牙路況都不熟，他錯過原本想讓我們下車的地點，最終我們在山腳邊的不知名的小加油站各奔東西。原以為要耗上很長一段時間才能進市區，但突然

【馬貝拉鎮（Marbella）】

位於太陽海岸，靠近直布羅陀海峽，氣候宜人，廣受歐洲人歡迎，多在此置產度假。

有一輛車開到了面前，車內的兩個羅馬尼亞人表示願意讓我們搭便車，只是不去龍達，要去塞維亞（Sevilla）。塞維亞是原本計畫龍達城之後的下一個目的地。但又何妨呢？旅行總要留下一些遺憾，好讓自己有藉口再來一次西班牙。

這兩位羅馬尼亞二人組相當和善，根據他們的說法，搭便車在羅馬尼是一件很平常的事，所謂「羅馬尼亞人的車上總是載著搭便車的旅人」。在他們的幫助之下，我們在下午十點，太陽終於下山了，我們也終於趕上在西班牙人的晚餐時刻前抵達了塞維亞。

從格瑞那達城到塞維亞的這一段路，過程雖然挺崎嶇的，原地不動的時間比移動的時間還要長，目的地也與原本的不同，但反正我並不是為了結果而旅行，而是為了過程，所以往好處想，最後仍有200多公里路的進程，而且還與來自不同國家的人相遇與相識，所以其實一切都挺好的。我想只要樂在其中，不要放棄，最終都會獲益無窮的。

到底為何要旅行？對我而言，旅行就是一件讓我就算挫敗，也能一直樂在其中的神奇活動！

Chapter 05

／優雅山城：哥多華城

CORSEGUR
AÑO - 1930
TIME TO VISIT OUR UPPER ROOF TERRA
ES TIEMPO DE TERRAZAS

前言

現在與過去和諧共存的城市，由河流圍繞的優雅山城。當十世紀，歐洲各地處在「黑暗中世紀」之時，卻是哥多華最耀眼的時候，這裡成為與巴格達的阿斯哈里發王朝分庭抗禮的另個哈里發的首都，它是當時最有文化，最文明先進的城市，也是當時世界上最大，最美麗的城市。在哈里發時代，居民就有一百多萬人，上千棟的清真寺和800多間的阿拉伯浴場，而且比倫敦或巴黎還要早就裝設路燈。

當然，這座城市不僅有過伊斯蘭文化，也有西班牙的基督教文化，甚至是連羅馬文化和猶太人都在哥多華的歷史留下了深深的烙印，眾多的文化遺址與古蹟，都被保留了下來，在此展示其過去的輝煌，等您來見證它過去的風華！

三種文化的精華薈萃之城

1.清真寺（Mezquita）

哥多華的清真寺堪稱為一座獨特的大教堂，它見證西班牙800多年（8-16世紀）的建築與藝術演變，王朝的更替，擴建與翻新，讓此處成為最獨特的存在，不僅呈現出歷史上伍麥葉王朝（阿拉伯帝國的第一個世襲王朝）的伊斯蘭文化風格，也混合了哥德式、文藝復興式的西方建築。英國作家傑拉德·布勒南（Gerald Brenan）曾說：「這裡是西班牙最美麗、最獨特的建築。」

• 清真寺內的雙色柱

內部分成兩個區域，教堂－清真寺。裡頭最有名的是數道馬蹄拱與數百根雙色的柱子，充滿了回教禱告室的風格，但一旁卻有天主教的祭壇。不過身為清真寺，它卻有兩個奇特的地方：方向與壁龕。

（1）清真寺的方向與壁龕位置

首先，它的方向不朝向麥加，而是大馬士革（敍利亞首都），理由可能是因為當時統治者阿卜杜拉赫曼一世（734年－788年）對故土的思念的結果。另外壁龕不在中心位置，而是東邊，可能是因為當時哈里發擴建，南邊要擴張至瓜達爾基維爾河，而西邊到哈里發宮殿處，因此壁龕只能移向東邊了。

【壁龕】

為伊斯蘭禮拜殿的設施，表示穆斯林禮拜的正向。

（2）橘子中庭與寬恕之門

要進入清真寺之前，會先經過寬恕之門，以及穿越橘子中庭，這兩處都是屬於開放空間。目前的寬恕之門建於1377年，在建築物的北側，位於鐘樓下方，是從1世紀

摩爾式的雙重馬蹄型門廊改建而成，據說通過此門，罪便被赦免。橘子中庭有98顆橘子，從18世紀開始種植，是城市裡最大的中庭。

• 清真寺內部

清真寺

參觀資訊：

時段：11月1日至2月28日：星期一至六（10：00至18：00）；假日與周日（08：30至11：30，與15：00至18：00）。
3月1日至10月31日：星期一至六（10：00至19：00）；假日與周日（08：30至11：30，與15：00至19：00）

價錢：成人8€；10-14歲：4€；兒童：免費。

免費入場：星期一至六，8：30至9：30。

2.鬥牛博物館（Museo Taurino Cordoba）

哥多華與鬥牛的歷史有很深的淵源。從羅馬時代，伊比利半島上就有鬥牛的活動，而當地便已經擁有全西班牙最大的一座圓型露天廣場，可欣賞鬥牛表演。隨著時間的流轉，這座鬥牛場見證了阿拉伯人統治下的西班牙，天主教國王征服後的西班牙，但無論時代如何更替，它是唯一不變，長久以來都屹立不搖的存在於哥多

華。此座博物館便可看見整個鬥牛史的發展，它紀錄下許多重要的鬥牛表演，著名的鬥牛士的生平，鬥牛的標本，另外也有許多文藝作品。如果你不瞭解西班牙與鬥牛的關係，那這座博物館，可以說是，鬥牛藝術另一種表達方式。

鬥牛博物館

參觀資訊：
周一休館
冬季：周二至五（8：30至20：45）；周六（08：30至16：30）；周日與假日（08：30至14：30）。
夏季：周二至六（8：30至15：00）；周日與假日（08：30至14：30）。
價錢：成人：4€；學生：2€。
地址：Plaza Maimónides, s/n, 14004 Córdoba
網址：http://www.museotaurinodecordoba.es/tauromaquia.html

3.花草巷弄：家家大門為君開

一年之中，什麼時候來最哥多華最「對味」？我建議，請在5月1日至14日來到這座城市，因為那是這座城市「最美麗」的時候。哥多華每年五月都會舉辦「庭院競賽（Concurso de Patios）」活動，這是西班牙國家觀光局列為最有趣的慶典活動之一，也是人類非物質文化遺產。五月份整個城市的白牆都成為哥多華人的畫布，花朵成為顏料，任其美麗在城市裡綻放。旅客都是免費進入當地居民家裡的庭院，唯一的花費就只有要費力去跨過家家戶戶的門廊，進去看見它的美麗，欣賞主人對花草美麗的獨特看法！

①哥多華一般家庭的庭院
②哥多華城市內的房子都喜歡用瓷器裝飾
③哥多華城的街道

百搭的哥多華醬

哥多華是座古老的城市，在的它的舊城區可以找到各式各樣的酒店、餐館，不同的民族與文化都在這座城市的食物上留下自己的印記，羅馬人讓這片土地學會使用橄欖油，阿位伯人讓這裡的人喜歡上用堅果與蔬菜製作出的酸甜醬汁，西班牙的基督徒教會了哥多華醃製肉的技巧，而這些食物特色，全都可以在莫里萊斯酒吧找得到。

1.莫里萊斯酒吧（Bar Moriles）

如果尋門哥多華當地人，介紹一處物美價廉的聚會餐館，大家都會異口同聲推薦莫里萊斯酒吧。它是哥多華最有名，也最熱鬧的的酒吧，位於花園城區，不管何時去到那裡，都能看到絡繹不絕的人潮。

服務周到，一進門就會送上開胃菜，餐點以「小吃（Tapa）」為主，份量大，且每一道1.9€以上的小吃，都送一杯啤酒，並且「小吃」中的煙燻生火腿絕對保證是伊比利豬。另外，這裡的所有料理都會淋上哥多華的**特色醬料沙莫雷侯醬**（Salmorejo），蒜味十足，與所有食材都很搭。

2.哥多華道地醬料介紹：沙莫雷侯醬（Salmorejo）

與安達魯西亞地區流行的番茄冷湯（Gazpacho）類似，差異就在於較為濃稠，食材也較為簡單，只用番茄、洋蔥、橄欖油、大蒜、雞蛋與生火腿。由於這種醬料較為簡單，屬於平民料理，上層

• 哥多華的小吃

• 哥多華特殊醬料Salmorejo

階級並不食用，遙傳是由哈里發時代摩爾人所傳進西班牙的。

莫里萊斯酒吧（Bar Moriles）

地址：Antonio Maura, 37, Ciudad Jardín

價錢：每道2.50-4.45€

哥多華的交通方式

1.塞維亞城到哥多華城

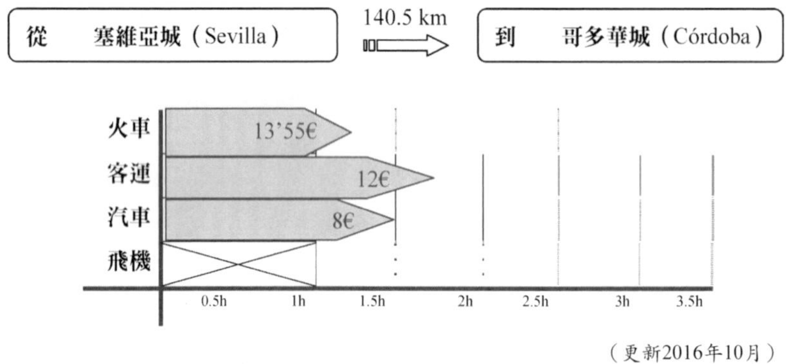

（更新2016年10月）

2.哥多華的的交通介紹

基本上，哥多華的各個文化景點僅距離幾步之遙，建議徒步前往。

種類	次數；價錢	範圍
全票（Billete Sencillo）	一次；1'30 €	市中心

（更新2016年10月）

旅行的意義：豔遇

路程：塞維亞到哥多華

感謝人物：塞維亞人Juan、

在哥多華開腳踏車店的David與布商Guillermo

①塞維亞人Juan

②哥多華人David（中間）與Guillermo（圖左）

搭便車旅行最大的優點就是很容易交到朋友，而如果有心要尋找戀情，這種方式也很快有所斬獲，畢竟願意接受陌生人一同上路的人，對彼此一定有些好感。但我先聲明，我並不是為了男女之情而旅行。不過，這趟路途仍發生了一段令人臉紅心跳的粉紅小戀曲，只是主角不是我，而是我的伙伴，另一名台灣女孩Juanita（她的西語名字）。

我們從塞維亞到哥多華的路上，遇上兩個哥多華人，他們剛從太陽海岸渡假回來，願意讓我們搭便車，而且還自願成為地陪。這其實不意外，眾所皆知，西班牙人很熱情，只是依照我的觀察，他們的熱情總還夾帶著一點煽情，而這份煽情這次煽進了

Juanita的心窩裡了。這兩位哥多華人的其中之一人，大衛，他很喜歡Juanita，而Juanita也很動心。

有當地人當導遊真的很棒，就像帶了一本資訊豐富的Lonely Plante一樣，可以很快的認識到城市的風貌，即時又不沉重。不過，我們這兩位地陪都只有在晚餐時刻才有空，因此白天，我們仍善盡觀光客的職責，流連於城市的歷史之中，然後到了夜晚，又偽裝成遊手好閒的當地人，與剛認識的朋友在城市裡的胡同遊走。

由於西班牙人晚餐吃得晚，所以我們的夜也開始得相當「遲」。當我們離開餐桌，時間就已經差不多是凌晨一點多了，然而在這麼深的夜裡，街頭仍不平靜。如果曾想像過西班牙的夜生活是酒吧或夜店的那種狂歡，那麼真相是，這個國家的夜不是只有屬於熱血青少年的，而是屬於所有人的，許多的老人與小孩仍聚集街上聊天、散步，就像台灣晚飯後的逛夜市一樣，只是他們閒逛的時間已經來到深夜二點了。

我們與大衛，以及他的朋友們一起在外頭「遊蕩」到凌晨三點多，大伙決定解散，然而，那對剛陷入異國戀的男女依然難分難捨，所以他們決定自行去享受漫漫長夜，並且放過夾中間當燈泡的我（因為男的並不會講英語，而女的西語並不通，所以我只能在中間當翻譯）去睡覺。

關於那段戀情的八卦，我必須停筆了，那一夜後來發生了什麼事？他們的愛有繼續嗎？我無可奉告，因為那都不是重點。異國艷遇的美好無關結果，而是讓人看到了「愛情」的萌生可以原來那麼「單純」，完全不需要語言、背景、過去與未來，只是任由當下的心意流露，雙方的情意便能傳達。

這種事情，我以為是電影院才會上演的情節，好安撫人類無法實現的浪漫情懷，好掩飾現實社會的功利主義，但也許我太悲觀了，或許我們是真的都保還有那份真性情，只是在等待著能讓我們流露出來的時機罷了，而這也許就是為什麼要旅行的理由了。

到底為何要旅行？對我而言，旅行就是讓自己再次擁有怦然心動的感覺。

Chapter 06

／帝國時代首都：托雷多城

前言

托雷多是西班牙帝國時代的首都，也是歐洲最早的城市之一，而且由於西班牙非常珍惜這座古城，很早就明令禁止拓寬街道，因此現代的托雷多城，仍保留了中古世紀的城市佈局，古色古香，而這也成了它最大吸引力：每一處都有一個傳說。旅客漫步石板路與狹窄的街道，感受牆角的石塊上滲出來的歷史，聽著穿梭在巷弄中的風，訴說著那些曾經在這片土地上生活過的穆斯林，猶太人與基督教文化的故事，是一座以三種靈魂一起創造出來的令人驚奇的城市。目前，托雷多的古蹟並不限於幾棟建築物內，而是這整座城市都被聯合國教科文組織列為世界文化遺產。

走進「從前從前…」的故事裡

1.走進中古世紀的弄巷

托雷多是座山城，房舍依山勢比肩林立、交錯，巷弄狹窄、彎曲，是座歷史悠久，從青銅器時代一直存在到現代的古老城市，可謂是座古蹟城市。它保留了至少有100座以上的古蹟，據說還有300多個傳說，每個街道角落都見證過一段傳奇故事的發生。傳說中最有名的是「大力士的神祕洞穴」，位於聖吉恩斯街（C/San Ginés）2號與3號間。據說這個洞穴是大力神赫拉克勒斯用大理石建造的，其後他要求每一任新的國王都要在洞穴的門口加裝一道鎖，否則就無法活命，但唐羅德里戈（Don Rodrigo）的這位西哥

• 聖母大教堂的大門

• 聖母大教堂的大門

德國王不理會，命令打開洞穴的門，並且取走裡頭的所有財寶。

2.聖母大教堂（Catedral Primada Santa María）

位於市府廣場上，建立於1226年，費爾南多三世時期。教堂又有「托雷多的富豪」之稱。聖母大教堂有個非常貴重器物：「聖體光座（用於宗教儀示）」。它是用純金做成的容器（據説是用哥倫布從美洲帶回來的第一塊金塊做成的）。教堂內也有西哥德王國時期的考古文物，且有些禮拜堂的牆壁也保留著清真寺雕刻風格，並且主要大門也是三式拱門的摩爾人工藝風格。在聖器收藏室內，展示西班牙十六世紀的大畫家葛雷柯（El Greco）的作品，其中最有名的為《脫掉基督的外衣》。

聖母大教堂

參觀資訊：
時段：星期一至六（10：00至18：30）；假日與周日（14：00至18：30，與15：00至18：00）
價錢：教堂＋博物館：8€；
教堂＋舊的兒童學園：10€
教堂＋鐘塔：11€
教堂＋舊的兒童學園＋鐘塔：12€
免費入場：星期日托雷多當地民眾免費。
地址：C/ Cardenal Cisneros, s/n

2.軍式博物館（Museo del Ejército. Alcázar）

軍式博物館位於城市的最高點，是一座雄偉的城堡，它最早有紀錄的建設從查理五世開始，但它無論是在羅馬時代，還是穆斯林時期，都是這座城市最大的城堡。這個宮殿的外觀便顯示了西班牙文藝復興時期的各個階段，從門面到巨大的樓梯，都表現一座宮殿的霸氣。它曾是皇后的寢宮，軍隊與步兵學院的住所。雖多次遭受了祝融之災，內戰期間被幾乎摧毀了。今日已經修復，也成了重要的軍事博物館，且在頂樓是卡斯蒂利亞－拉曼查的現代圖書館。

軍式博物館

參觀資訊：
價錢：10：00至17：00：5€
免費：周日
閉館日：每週三以及國訂假日。
地址：C/ Unión, s/n地址：C/ Unión, s/n

修女的杏仁糕餅

西班牙有幾句關於托雷多的俗語，像是：「托雷多，不是車夫，就是廚夫（De Toledo, cocinero o cochero）」，或是「上帝要人好，卻要托雷多吃飽（A quien Dios quiso bien, en toledo le dio de comer）」，這些俗語都可看出當地對飲食的重視，許多尋常的甜點，在此都能美味升級，就像聖誕節要吃的杏仁糕餅，托雷多便是把這麼小的糕點，變得偉大了。

1.杏仁糕餅（Mazapán）

托雷多的杏仁糕餅是全西班牙最有名的，此甜點從雅典時代就已經有的地中海食物，名稱由來眾說紛云，相傳是在八世紀阿拉伯人統治期間，稱此食物為mautha-ban（哈里發王－坐上賓），因為哈里發的頭像會印在糕點上。事實上，整個西班牙皇室都非常喜愛此道甜點，像是查理五世退位後，也是帶著托雷多的杏仁糕餅到尤思特（Yuste）修道院養老。此甜點多在過節時食用，就像十七世紀的文學家羅佩（Lope de Vega）曾說過的：過兩個聖約翰節，修女都爭奪杏仁糕餅。

2.起源的另個傳說：修女的杏仁糕餅

在托雷多城市的櫥窗，會看到許多店家會擺放著「在做杏仁糕餅的修女」公仔，這是由於傳說杏仁糕餅是當地的聖克萊門（San Clemente）修道院發明的。據說當時城市被阿拉伯圍攻，修女為了救濟城內飢困的民眾，把杏仁磨成粉，並加入糖，揉成一小團，烘烤成「Masa de pan（麵包團）」，而這也就是名稱的源來了。

Casa Cuartero

地址：Calle Hombre de Palo, 5, Toledo

價錢：2'50€~

①百年糕點店
②糕點

托雷多的交通方式

1.哥多華到托雷多

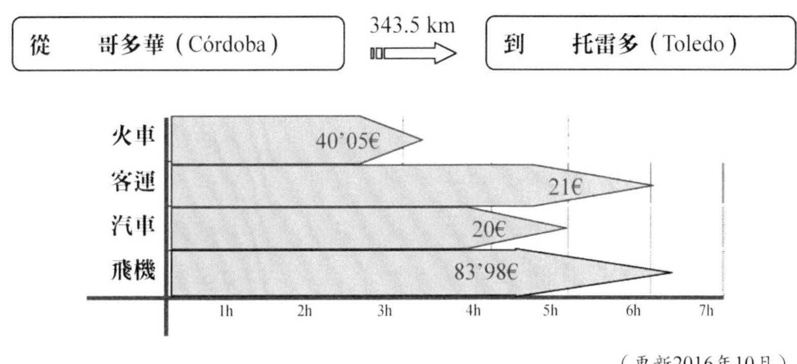

（更新2016年10月）

注意！火車、客運、飛機無直達車，皆需先到馬德里再搭到托雷多！

2.托雷多的的交通介紹

市區內的重要景點，距離不遠，皆適合徒步前往。

種類	次數；價錢	範圍
公車票	單程；1'40 €	市區公車皆可

旅行的意義：回答

路程：哥多華到托雷多
感謝人物：哥多華的腳踏車店主David，
在Alicante當警察的Alex，
與我生日同一天的Miguel，
正在放假的計程車司機Vitor

也許，大家對搭便車最大的印象就是不確定：地點，時間與人物全都不能確定。但老實說西班牙人只要順路，基本上都是樂於幫忙的。只要不扭捏作態的站在路邊攔車，大方尋問車上的司機，搭便車遊西班牙真的不是特別困難事，說真的，有時還全都按照我的計畫方式行進呢（當然，龍達城那次是例外）！

- ①當警察的alex
- ②哥多華的david

多數的西班牙人讓陌生人搭便車，除了本身的熱心外，許多人也是希望在漫長的公路上有個聊天對象，而這也剛好符合我搭便車的目的（絕對不是想省錢而已），讓我可以聊一些長久以來對西班牙有的困惑，像是為什麼我愛的足球員，例如，Dvid Villa，Ferrando Torres，他們的老婆都是從學生時代就開始交往了？西班牙人真的愛放假比愛錢多嗎？西班牙人都花心嗎？

是的，這些都是我的疑問，不是什麼正經八百的問題，多數只是胡思亂想而產生的困擾，所以實在很不好意思問中規中矩的老師，更無法從死氣沉沉的課本中找到答案的，最終走了一條「險徑」來解決問題。

用搭便車的方式來解決困擾，雖然這聽起來並不可靠，但我真的在這段過程中得到了答案。

疑問1：為何足球明星都有一位從校園時代就開始交往的女友？

回答者為差點成為足球員的警察Alex：

西班牙人愛足球，男孩的第一志願多成為足球明星，那女孩的第一志願呢？成為足球明星的另一半。所以許多女孩在學校時就會用「鷹眼」選出某位未來大有可為的男孩，並且開始交往。當然，不可能百發百中，如果判斷失誤，男孩因傷不能再踢球了，基本上女孩會快速拋棄對方，再去結交一位可能成為足球明星的男孩交往即可。（此段故事為Alex的男性角度的親身經驗分享，他的前女友在他受傷後，開始與現今進拿玻里足球隊的守門員Pepe Reina交往。）

疑問2：西班牙人愛放假，但有多麼絕對呢？真的能不被金錢誘惑？

回答者為計程車司機VITOR：

從哥多華到托雷多，有一段路我搭上了一輛小黃，情況一度令人尷尬，很擔心他誤會了我的意思，害怕會因為坐霸王車而起爭執，所以下車時，我仍怯聲聲的問了多少錢？然而，他竟然回答：NO. ESTOY EN VACACION.（不用，我現在在放假）。

疑問3：西班牙人真的很花心嗎？

回答者為失業中的（鬥牛）標槍手：

從莎拉曼卡到畢爾包的路上，我遇到一名34歲的未婚男子，他為了慶祝朋友新居落成，所以趕往畢爾包，他一路上興致高昂，從西班牙夏天常發生森林大火的原因，談到當前的就業情況，又從豬隻的口蹄疫講到他與他女朋友的戀情。最令我驚訝的該是最後一件事了，因為她的女朋友是一個帶著兩個小孩的媽媽，可是他還是很愛她。他認為愛一個人就要愛他的全部，過去、現在與未來。他覺得花心的人，是因為不知道自己真正要的是什麼，才會三心兩意，無法忠誠於自己感覺的人，當然也就無法對別人忠誠。

以上便是我疑問的答案。當然，這些都不一定是正確答案，我所遇到的西班牙人並不能代表多數（或任何一個人的意見），但我卻覺得已經夠了，因為在我尋找回答的過程中，我漸漸發現執著一個正確答案是很蠢的，因為答案的對、錯，都端看回答者的人生經驗，因此答案其實不重要，重要的是去理解回答者的角度。

到底為何要旅行？對我而言，旅行是一種「只給翅膀，沒有教化（no educa, da alas）」的學習方式。

Chapter 07

／大學城：薩拉曼卡城

前言

一個外來的遊客，如果想要瞭解西班牙，那麼最好的辦法就是來一趟薩拉曼卡，那是西班牙最早開始創辦大學的地方，是一座西班牙人文思想匯聚的城市，是許多偉大人物的養成之地，整個古城區都是大學的講堂，每棟建築物都見證過一段歷史，現在也是被全人類共同珍惜的世界文化遺產。

西班牙大文豪，塞萬堤斯曾經在此讀過書，他對薩拉曼卡做過此評論過：

> 薩拉曼卡，一處勾人心扉，
> 人人都想回到她的溫暖懷抱之中。
> （Salamanca, que enhechiza la voluntad de volver a ella a todos los que de la apacibilidad de su vivienda han gustado）

古老的大學城與幸運小蛙

1.大學城主廣場（Plaza Mayor）

主廣場建於1729-1756年，巴洛克式建築風格。雖然是城裡較「年輕」的建築，但卻是仍位居心臟地位，是無數傳奇與歷史的發生地，也是許多電影（像《刺殺據點》）的拍攝場景。廣場最特別的地方為它是不規則的四邊形，並由88道拱門組合而成，每道柱子上方都有獎章，刻畫的頭像都是西班牙重要的歷史人物，例如

• 貝殼屋

文學家塞萬提斯。北側為市政府，上方有四座雕像，分別代表四行業：農、商、工、天文（科技）。市府左翼窗口會長年關上的，主因是內部並沒有房間，只是一道牆，窗戶的設計只是為了不破壞廣場整體性。

2.貝殼屋（Casa de las Conchas）

建於1493-1517年，是哥德式與文藝復興的混合建築。這是十六世紀，貴族住在城市裡的宮殿。此處原本大學的殿堂，於1929年轉型成為公共圖書館。這棟房子外身貼滿貝殼，是屋主羅德利可騎士（Rodrigo Arias）為了表明對妻子的愛意，她的老婆來自皮門特爾家族（Pimentel），而此家族的徽章是貝殼。因此，門面就有373個貝殼。傳說這些貝殼下方都藏有一塊金幣，但真假誰也不知道，只知道因為這個傳說，讓這棟屋子免於災難，因為誰都不想毀了它，只想好好擁有。

貝殼屋

參觀資訊：
免費入場
時段：星期一至五（9：00至21：00）；周六（9：00至14：00）
地址：C/ Compañía, 2（Casa de las Conchas）

3.幸運小蛙

薩拉曼卡大學是銀匠式建築，門面以雕飾花樣繁複著稱，每天吸引成千上萬的遊客駐足觀賞，對著眼前富麗的石雕花紋比手畫腳，每人都至少會在此校門前逗留三十分鐘以上，堪比法國羅浮宮內的《蒙娜莉莎》畫像更吸睛。不過，讓大家停下腳步的理由，除了大學門面的美麗，還有它雕刻裡的幸運。據說，在這繁複的雕刻裡有一隻小青蛙，如果能找到牠，便能擁有幸運。因此，所有人都為了自身的「幸福」在努力！

但是，為何這隻青蛙會刻在骷髏上頭呢？

目前有人認為這隻位於骷髏頭上的青蛙，是當時的雕刻家用來嘲笑宗教法庭的方法。因為篤信天主教的西班牙人都認為死後會有最後的審判，但這名雕刻家可能並不認同，因此他利用西班牙的一句諺語：等到青蛙長出毛來（cuando las ranas críen pelo），意思就是絕不可能發生，來暗諷這樣的思維。因此，在骷髏頭上青蛙，就是雕刻師想要傳達：死了就是死了。

• 尋找小青蛙

來一杯讓人文思泉湧的咖啡

薩拉曼卡一處人文匯聚的城市，與其他城市相比，它的「料理」並不出名，較為有名的是「加工食品」，像是香腸或是起司…等乳製品。然而，許多來到這裡的旅人，並不僅僅想滿足自己口腹之欲，更想豐富精神生活。因此，在這座有「大學城」之稱的薩拉曼卡，找一家擁有高品質的咖啡廳，將是認識這座城市最好的開始。

• 詼諧曲咖啡廳

詼諧曲咖啡廳（Cafetin Scherzo）

此家咖啡廳可以喝到整個薩拉曼卡最好喝的咖啡。店面並不起眼，許多人會因此忽略了它的存在，但只要品嚐過此店的咖啡的人，便會留下來成為常客。這裡咖啡只保留真正的原味，每杯都能喝到濃、純、香的咖啡，是當地許多人每早天早上開啟一天生活的第一杯咖啡。另外此店的杜松子酒（Gin Tonics）也值得來上一杯，也是一家能讓你在夜晚，休息前喝上一杯，放鬆心情的選擇。

店名：詼諧曲咖啡廳

地址：Calle de Gran Vía 83

價錢：2'10€~

• 咖啡與烤吐司

不可錯過的公路風景

A-50托雷多－薩拉曼卡（Toledo-Salamanca）
1.做杏仁糖（Turrón）的杏仁樹

如果在梅塞塔高原上的公路兩旁可以看到許多橄欖樹，那麼開往薩拉曼卡的公路兩旁看到多是杏仁樹。橄欖與杏仁可說為西班牙的特產，兩者也廣泛的應用在飲食上。其中杏仁做的杏仁糖更是聖誕佳節的傳統甜點。然而，西班牙人聖誕節吃杏仁糖的理由並不怎麼神聖，而是金錢有關，因為用蜂蜜與杏仁做的糖餅成本較高昂，因此從古至今，西班牙便習慣只有在重要場合才拿出來和大家共享。

2.阿維拉中世紀城牆（Muralla de Ávila）

從托雷多到薩拉曼卡的公路上，會行經阿維拉，而這座城市最大的特徵就是一座不規則的幾何型的城牆所圍起來的山城，可說城牆就是阿維拉這座城市的象徵。城牆是羅馬式和摩爾人的風格。第一面牆建於古羅馬時代，初始是以防禦作用為主，經過無數修建，目前總長度有2,516尺，有87個塔樓與9個進出的大門，是世界上保存最完善的防禦城牆的城市。在19世紀，西班牙許多城市都經歷過城市擴張，以經濟為由，破壞了許多中古世紀的城牆，不過阿維拉由於位屬偏僻，經濟規模小，因而城牆逃過被摧毀的命運，並且在其後，1985年聯合國的教科文組織登入為世界文化遺產。

托雷多的交通方式

1.哥多華到托雷多的交通方式

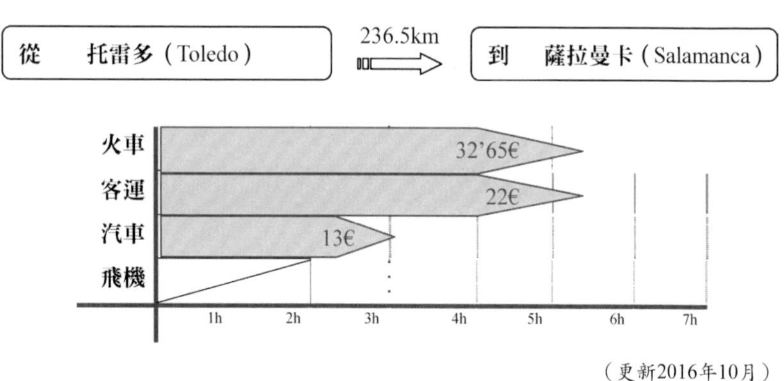

（更新2016年10月）

注意！火車與客運無直達車，皆需先搭到馬德里，再轉搭到薩拉曼卡！

2.薩拉曼卡的交通介紹

市區內的重要景點，距離不遠，皆適合徒步前往。

種類	次數；價錢	範圍
公車票	單程；1'05 €	市區公車皆可
觀光小火車（Tren Turístico）	1；成人：3'50 €；兒童（3-10歲）：1'75 €	起點為安納亞廣場（Plaza de Anaya），各個主要觀光景點，全程25分鐘。

• 觀光小火車

旅行的意義：我感覺得到你

路途：托雷多到莎拉曼卡

感謝人物：住在馬德里的Teresa與她媽媽，

載黑腳豬隻的Jesus貨車司機

搭便車最害怕坐上心懷不軌的人，因為那可能比任何時候更叫人無能為力，而為了避免遇上這類的壞事，身為一位公路旅人勢必要有一套因應之道，像攜帶武器上路，或是練習一套防身術，不過我師承「人信本善」的儒家派，所以並沒有為特別準備，唯一積極的做為就是邊等車邊唸陀彌陀佛，並有請地藏王菩薩來超渡冤親債主，而如果這招沒效，真的遇上「有心人士」，那也只能怪自己業障深，「自作自受」（這就叫佛教徒的樂觀）。

是的，最後我一路平安，不過在這趟公路旅行途中也讓我領悟到一件事：也許遇到好人、壞人是運氣，但搭上好人或壞人的車，靠的不只是運氣，而是能力：識人的能力。這裡我指的不是透過面相或算命來辨別人的好、壞，而是更簡單的，透過人與生俱來的感受力就可以分出敵我，讓感覺去告訴自己該怎麼做！

也許這種說法很虛無，我其實也不相信自己有這麼敏感，但是從托雷多到薩拉曼卡的公路上，我真的看見了惡魔的爪牙。

那天的行程一開始，我受到一對良善的母女幫助，載我離開托雷多城，不過她們讓我下車的地點卻十分空曠，四周真是荒涼的可以，在那條公路上奔跑的車屈指可數，而這已不用什麼特殊感應就能知道事情不太妙。過了許久，一輛箱行車靠近，裡頭坐著兩名男子，他們不是要去莎拉曼卡，但並不介意載我一程。

• Teresa（右）與她媽媽（左）

前幾回遇到這種情況，我會感激涕零，盛讚西班牙人是真的熱情！但是當我看著車中的人，突然覺得不安，就像電影《德州電鋸殺人狂》裡聽見電鋸聲一樣，一種不逃走就要完蛋了。當下我沒有任何思考，立即拒絕他們的「好意」，表示再等人要順路載我去就可以了（兩個小時後，我坐上了一輛載豬的貨車）。

其實，被我拒絕的他們兩人並沒有長得面目猙獰，或是怪里怪氣，算是長得很可愛，很時下很一般的二、三十歲男子，但是那一瞬間，不曉得為什麼，就是覺得他們不懷好意。

當然，我現在無法證實對、錯。只是那種感覺，是我搭便車以來第一次出現的，所以我選擇相信，因為就像《豌豆公主》的童話故事，真正的公主是可以感受得到床底下夾了一顆豌豆的，一個長久圍繞在善良四周的人，是可以感受得到哪一隻手是惡魔伸出來的。那一天，我清楚的感受到人的善意與惡意，散發出來的氛圍真的是完全不一樣。

到底為何要旅行？對我而言，就只是為了能像金城武一樣說出：I SEE YOU。

Chapter 08

／古根漢美術館：畢爾包城

前言

畢爾包（Bilbao）在巴斯克語的意思：溪、河的匯集地（Bil-Ibaia-Bao）。從名字的涵意可窺知餵養這座城市成長的母親便是河流。畢爾包河是城市的主要動脈，帶動所有市民的生活活動。河的左畔，工廠林立，許多鋼、鐵工業都從此輸出到世界各國；河的右畔，是市民成長的老城區（又名七街），城市的生氣都在這裡爆發。

• 蜘蛛與紅色拱門

然而，二十世紀初，時代的轉變，工業沒落，這座被工廠搞的烏煙瘴氣的城市，蕭條將是它的下場？答案是否定的。一個正確的政策，便讓所有廢棄的工廠回春。1997年，一座代表城市過去與未來的古根漢博物館正式落式。至此，城市的面貌改變了，市民的生活方式也改變了，大家脱下臉上的口罩，開始抬起頭欣賞鋼鐵城市的陽剛之美。今日的畢爾包河雖不再是主角，它但仍靜靜的在一旁，欣賞著這座它所扶養的城市，用另一種姿態活躍於世界的舞臺。

• 古根漢美術館外一景

• 古根漢美術館

比作品還吸睛的展覽館

1.畢爾包古根漢美術館（Museo Guggenheim Bilbao）

博物館是由美國建築師弗蘭克·蓋瑞（Frank Gehry）設計，是二十世紀前衛建築的典範。占地2萬4千平方公尺，其中1萬1千平為展覽空間。外觀採不同角度的建構成不規則幾何形狀，並且利用了三千多塊鈦片，使建築與周圍環境相融合，成為城市裡最「有戲」的背景。這棟建築有劃時代的意義，代表了大膽創新的解構設計的標誌性建築，讓建築物本身就成為藝術品，它存在的空間就是該博物館大的吸引力。

2.裝置藝術：媽咪（MAMÁ）

博物館的廣場外頭，可見一隻將近九尺高的大蜘蛛，這是蜘蛛女藝術家路易絲・布儒瓦（Louise Bourgeois）的作品，此作品反射出她對母親的印象：蜘蛛絲可用於孕育生命的蠶繭，也可用來捕抓獵物，就像母親一樣，她們既是保護者，也是掠奪者。

3.裝置藝術：鬱金香（Tulips）

置於一樓陽臺，花束有2尺高，5尺寬，是傑夫·昆斯（Jeff Koons）於1994年的*慶祝Celebration*系列作品之一，靈感來自於昆斯的童年回憶：一個快樂花車的大型工業，樂觀又豐富的世界。而鬱金香的雕塑方式，是昆斯非常具有代表性的呈現方式：堅硬又明亮的極簡主義。

4.裝置藝術：紅色拱門（ARKU GORRIAK）

落成於博物館十週年的時候，藝術家丹尼爾布罕（Daniel Buren）幫薩貝大橋（Puente La Salve）做的設計，設計成兩個半圓，因為一個在水中完成一圓，另一個在空中完成。而這樣的設計也是為了搭配博物館的曲線與垂直的外觀，與此相呼應，而不覺得突兀。

• 裝置藝術：鬱金香

畢爾包古根漢美術館

參觀資訊：
時段：星期二至日：10：00至20：00。
價錢：成人：13€；退休人員與學生（<26歲）：7'5€；兒童（<12歲）：免費。

一根竹籤，一口美味

畢爾包喜愛傳統，熱愛美食，世界上有許多好的廚師都是出生自這座城市。從前西班牙人都稱畢爾包為「大寶庫」，因為到此可以吃到許多不同美食，就如同十六世紀西班牙作家，梅迪納

• 巴斯克美食

• 竹籤小吃

（Pedro de Medina）這位描寫畢爾包是：高貴、富有且擁有高品質的城市。當然，畢爾包的富饒不僅為是因為肥沃的果園和莊稼，更因為它是比斯開灣的商埠所在，良好的對外溝通，讓它各地的物品都會送到此來，轉運出口，也讓此地擁有吃到世界各地美食的機會。

1.阿萬多與伊達度度（Abando e Idautxtu）

想認識這座城市的美食，最好的辦法就來一趟小酒館巡禮，隨意點幾道看起來可口的「小吃」，屆時你就會明白為什麼巴斯克人愛吃竹籤小吃（pintxos）。在此介紹老城區裡的「阿萬多與伊達度度」，它是城裡最受歡迎的小酒館，此店會根隨著四季更換竹籤小吃的內容，而且所供應的都是最道地的巴斯克特色小吃，另外這家店也是在每年五-六月舉辦的pintxos大賽中的常勝軍。

2.竹籤小吃（pintxos）介紹

一種「小吃」，流行於巴斯克地區，與西班牙中、南部的「蓋子小吃（Tapas）」類似，差異只在於當地會用牙籤固定食物（雖然這不是強制性的），而名字也因此得名。一般小酒館都會以啤酒＋小吃組合成套餐，搭配銷受，價格也更為便宜。由於這並非正式餐點，多數人都不用坐在餐桌上食用，當地人都只會站在吧台上，與朋友一邊聊天，一邊飲用。

阿萬多與伊達度度

地址：Calle Poza Lizentziatuaren, 46, 48011 Bilbao

價錢：2'5-4€

畢爾包市區交通

畢爾包的交通方式

1.薩拉曼卡到畢爾包的交通方式比較

從　薩拉曼卡（Salamanca）　396.9km →　到　畢爾包（Bilbao）

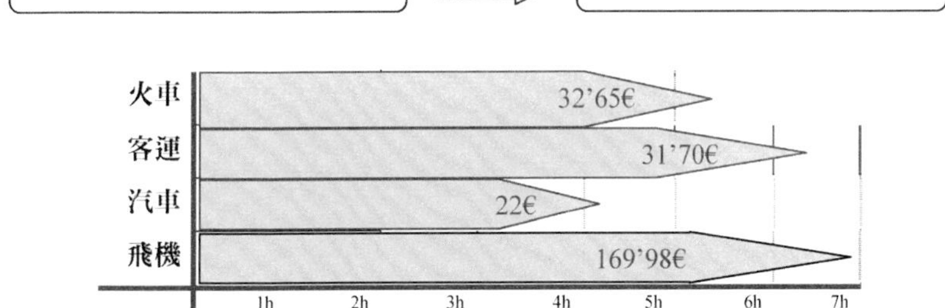

（更新2016年10月）

注意！飛機無直達，需先到馬德里，再轉搭到畢爾包！

2.畢爾包的交通介紹

市區內的重要景點，距離不遠，皆適合徒步前往。

種類	次數；價錢	範圍
公車票	單程；1'20 €	市區公車皆可
地鐵票	單程；1'40 € 一日；4'60 €	L1與L2兩條的一區內皆可搭。 一日則不限次數與區域。
火車票	1次；1'80 €	兩個小時內的轉乘皆屬於一次票範圍

旅行的意義：與不可思議的人物相遇

路程：莎拉曼卡到畢爾包

感謝人物：鬥牛士Antonio與Josfa

從莎拉曼卡到畢爾包這段路程分別由兩名西班牙男子包辦，第一段旅程先認識了Luis Antonio，63歲，之後是32歲的Josfa。這兩人互不認識，不過他們有很大的共同點：鬥牛士。

同一天搭上兩位鬥牛士的便車，這在西班牙是司空見慣？還是機會難得？我不清楚，但我相信這樣的安排必定有所意義，至少對我而言，他們的職業讓我看見了不同的生命態度，而且也讓我更認同這項傳統文化。

事實上，Josfa目前失業中，他告訴我，鬥牛文化逐漸在西班牙沒落，像這個夏天鬥牛表演場次減少許多。我問他，鬥牛時不覺得害怕嗎？（我之前參加奔牛節，看到鬥牛在街道上奔跑就覺得很恐怖）他回答，**害怕呀！人最害怕不就是死，會致死的活動都叫人**

害怕！鬥牛士也是人，當然也怕死，但這就是這個職業高貴的地方，鬥牛士挺身面對死亡，並且（努力）戰勝死亡。

長久以來，我一直以為鬥牛只是一種仗勢欺「牛」的表演，一點也想不通為何西班牙人要保存鬥牛文化？為何看臺上的觀眾看著屠牛表演時能夠鼓掌叫好？到底這種威脅到生命的文化可貴在哪？但聽了Josfa的一席話，從他的角度，西班牙人只是藉由這樣的怵目驚心的表演，來戰勝人類最害怕的事情：死亡。西班牙有句片語：「做個有心腸的人（hacer alguien de tripas corazón）」，它的涵義是「克服恐懼」，也許對西班牙人而言，有心、有腸的人，就要能戰勝害怕（而不是僅僅做個好人而已）。

人與牛同站在圓型廣場上，黑色的鬥牛像一道死亡的陰影，八百公斤重的公牛，體型佔了上風，而牠的武器，兩支牛角，是便足已殺死自己的伙伴，或眼前的敵人：鬥牛士。人類在此競技場上唯一的優勢就只有智慧與勇氣，知道如何用紅色斗篷操控鬥牛，知道死亡貼近時要無畏的拔刀，一劍刺進牛頸。

①鬥牛士Antonio
②鬥牛士Josfa

這一劍就是這一切的終點了，刺進去，鬥牛士是英雄，但若失敗，那麼鬥牛士便會被牛角刺得肚破腸流。是的，這就是鬥牛表演，但這也就是「生命」，像老祖宗活過的「生活」那樣，不是人類都是贏家，也不是世界萬物都坐以待斃的等著受苦。

Josfa說，他有個朋友很反對鬥牛，認為文明人不該再存有這樣的文化。但Josfa對此嗤之以鼻，他覺得如果人類有吃肉的需求，那鬥牛這樣的傳統就該延續下去，也許在古時候，它的存在是為了表現人類對抗大自然的智慧與勇氣，而現在，二十一世紀的文明社會，鬥牛表演是可以用來讓人思索文明的意義：看不見的殘忍是文明？拿刀叉吃牛排的人比屠夫更文明!?

吳爾芙在散文〈電影的力量（Power of Cinema）〉提到：「人們說，野蠻不再存在於我們之中，因為我們正處於文明階段的最後部分…，但是這些哲學家們大概忘記了電影的存在。」是的，如果人類不野蠻，誰都不會想進電影院看野蠻場景（即便是假的）。《動物星球》頻道每每上演獵豹奮力捕捉野鹿的場景，但誰也不會去責怪那隻獵豹，就算血腥殘暴也都能原諒，因為這只是牠的生存本能，而且牠也從來不會因為貪心而獵殺動物。

我想，我曾因為「殘忍」反對鬥牛表演，但也許保留鬥牛文化的西班牙人認為，該消失的不是屠殺的現場，而是用文明偽裝起來的貪婪與自大！

到底為何要旅行？西班牙大文豪塞萬提斯（Miguel de Cervantes）曾說：Andando lugares y conociendo gentes se hace uno prudente **（走過了別處，認識了別人，人就會變得謹慎。）**

我旅行，因為它能讓我思考，並且保持謙虛與謹慎。

Chapter 09

／國際美食之都：聖・塞巴斯提安城

• 聖・塞巴斯提安海口

前言

聖・塞巴斯提安位於坎塔布連海岸旁，溫暖陽光與美麗的圓弧型海灣，晶瑩清澈的海水與細白的沙灘，19世紀，皇后瑪麗亞·克里斯蒂娜（María Cristina）攝政，並把此地設為西班牙夏天的首都。因此，聖・塞巴斯提安城在歐洲的美好年代（19世紀到第一次世界大戰爆發，是歐洲上流社會認為的「黃金時代」）誕生於世界上。至今，雖然聖・塞巴斯提安不是座大城市（只有十八萬六千人居住），但每年九月仍吸引許多國際上名人的到訪，他們全都是為了參加聖・塞巴斯提安國際電影節，而這也是這座城市最熱鬧的時間了。

歐洲最美麗的海灣

聖・塞巴斯提安城憑藉其三個美麗的沙灘，成為皇后瑪麗亞·克里斯蒂娜攝政期間的夏都。如今時過境遷，但景色依舊，沙灘仍保持著美好時代的魅力，深受到全世界遊客歡迎的度假勝地。

1.孔查貝殼海灘（La Concha）

孔查貝殼海灘擁有近乎完美的海灣，海水湧進此處後都變得溫和而平緩，可說是在歐洲最美麗的城市沙灘。沙灘旁設置的散步道是由華麗的白色欄杆所圍起，它也是這座城市的象徵，沿著欄杆走，便可從沙灘走向老城區。

2.歐德雷塔海灘（Playa Ondarreta）

孔查貝殼海灘的西邊，是伊格爾特山（Igueldo）腳下的海灘，從觀海皇宮（Palacio Miramar）徒步就可抵達。是城裡最小的海灘，較少遊客，但很受當地人的喜愛，並且在地的岩壁上有裝置藝術：風之疏（Peine del Viento）。為當地雕塑家Eduardo Chillida的作品，由鋼材所雕塑成錨型鑲嵌在岩塊上的藝術品，可說是聖・塞巴斯提安最具標誌性圖像。

• 孔查貝殼海灘

• 風之疏

3.速里歐拉海灘（Playa Zurriola）

孔查貝殼海灘的東方，又因位於格羅斯社區附近，又名為格羅斯海灘（playa de Gros）。此處多為當地年輕人聚集，而且這裡海象較為洶湧，可見許多衝浪好手在此活動。在海灘的東邊有一個名為「牆（el muro）」的觀景台，許多人會在此處欣賞日落或觀浪，享受海浪拍打岩石的聲音，深受遊客歡迎。

4.烏爾古山與莫塔城堡（Monte Urgull y Castillo de la Mota）

是個最佳鳥瞰城市海景的地點，位於老城區東方，是城市重要的戰略支點，從12世紀便已存在，至今山上仍保留中古世紀的城牆與砲臺，城堡內改設歷史博物館，可免費入場，裡頭展示的物品多於當地發展的歷史故事有關聯。

美食出產地

近年來，聖・塞巴斯提安的美食躍登國際舞臺，被世界各國的媒體大幅報導，整座城市就有7間獲得米其林星星的餐廳，所有米其林星星相加起來（15顆），只略遜東京而已，美食儼然成為這座城市的代名詞。然而，除了高檔餐廳外，聖・塞巴斯提安的老城區裡的小酒館更是許多美食的出產地，其中以創新的竹籤小吃料理最為有名。遊客只要穿梭在那一間間小酒吧，不僅可感受到巴斯克人的生活氣息，更可吃到屬於他們的獨特料理味道。

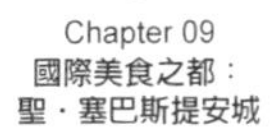

老城區內的小酒館

運動酒吧（Bar Sport）

一家隱藏在老城區的小酒館，他的店名已把老闆的喜好展現無遺，但所有聚集到此的訪客，除了來共享體育賽事外，更是來此大飽口福的。這裡整周都會提供美味精緻的竹籤小吃料理，變化多樣，而且服務態度良好，採用高檔食材，價格公允，是許多旅遊指南高度推薦的小酒館。建議到此，在酒吧的吧檯上，選一道賞心悅目的小吃，並點一杯美味的葡萄酒，或桑格利亞水果酒，保證如此你就能很快感受到巴斯克人的傳統美食獨特：一種城市與鄉村的完美融合的美味與自在。

Bar Sport

地址：Fermin Calbeton, 10, 20003 San Sebastian-Donostia, Spain

價錢：1'60-2'60 €

①Bar Sport店門口
②Bar Sport店內一景
③Bar Sport店內擺滿許多PINCHOS

聖・塞巴斯提安城的交通方式

1.畢爾包到聖・塞巴斯提安

到　畢爾包（Bilbao）　101.4km ⇨　到　聖・塞巴斯提安(San Sebastián)

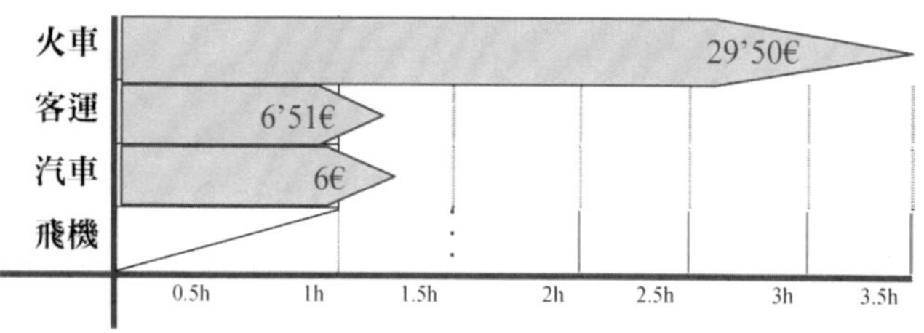

（更新2016年10月）

2.聖・塞巴斯提安的交通介紹

各個景點皆很靠近，適合徒步前往即可。

種類	次數；價錢	範圍
公車票	單程（日間）；1'70 € 單程（夜間）；2'10 €	市區公車皆可
地鐵票	無	無

3.聖・塞巴斯提安到周邊城市

城市	交通；價錢	車程	景點
龐普隆納（Pamplona）	客運（Alsa公司）：7'95€	60 min	聖母瑪莉亞大教堂，城堡廣場，海明威最愛的咖啡廳。最大節慶為7月7日至14日的聖菲爾明節，又稱奔牛節。
	火車：13€	120 min	

維多利亞（Vitoria）	客運（Alsa公司）：7€	75 min	保存完好的中古世紀建築，橢圓型的老城區，十一世紀的古城牆和防禦塔。
	火車：13€	130 min	
聖讓德呂茲（S. Juan de Luz）	客運（ALSA公司）：7€	30 min	位於法國，十七世紀巴斯克海盜的基地，新月形寧靜的海灣，許多木製的小木屋。
	火車：3€	20 min	

4.真心不騙，筆者特別推薦的節日

奔牛節（Sanfermin）

名稱：聖菲爾明節，又稱奔牛節

時間：每年的7月7日至14日

地點：龐波隆納城的老城區。

活動：最有名的活動就是每天早晨八點舉辦的奔牛活動（ENCIERRO）。民眾在老城區內，跑在牛的前面，總長849公尺，參加完全程的人可進入鬥牛場上，踏在鬥牛場上的紅土上和鬥牛「玩耍」一陣子。而節日結束當天，也就是14號晚上12點，所有群眾會齊聚在市府廣場前，手持蠟燭，等待市長宣佈節日結束，並一起高唱「可憐的我／pobre de mí」這首歌，最後以煙火結束所有活動。

服裝：不管是當地人或是遊客，大家都會穿著白上衣，白褲子，腰間會繫上一條紅帶子，或在肩上繫上紅色領巾。

奔牛（ENCIERRO）注意事項：是自願參加的活動，如在奔牛期間覺得不適，想要離開，都可直接從欄杆下爬出去即可，無須勉強跑完全程。

鬥牛場上，看熱鬧也看門道

奔牛節的另一項看點，是每天下午五點的鬥牛表演。

鬥牛決不僅僅只是屠牛的過程，而是生、死藝術的表現。鬥牛場，是唯有願意賭上性命的人才能站上去的競技場。鬥牛代表的是令人畏懼的大自然，鬥牛士是人類的勇氣與智慧的象徵，這是一場人類與動物「平等」的對決，因此鬥牛士不穿盔甲護身，不用子彈反擊，只是穿著一身華服，就如同對手身上那黝黑的皮膚一樣，奪目且容易刺穿，而手上的一塊紅布與一把劍就是挑戰大自然裡兇猛的動物，鬥牛的武器。

在此，只粗略介紹幾項常見的鬥牛招術，期望讀者能稍有瞭解，若有機會觀看鬥牛表演，不會只感到怵目驚心，還能理解四周西班牙群眾歡呼的道理。

首先，鬥牛分為三個部分：**刺（LANCE）**，**過（PASE）**，**殺（REMATE）**。

1.刺（LANCE）

使用斗篷和短矛與牛進行對決。鬥牛場上大約有三分之二的時間都是屬於這個活動。這個階段最經典的招術是維羅妮卡（VERONICA），此為鬥牛的基本款招式，它是利用手臂力量揮舞斗篷，讓牛衝向斗篷，並把牛從鬥牛士的左邊帶向右邊（如果鬥牛士是左撇子，方向會相反）。這個招式以女性來命名，據說是因為耶穌被釘在十字架上，有一位叫維羅妮卡（VERONICA）的信徒幫耶穌擦汗，而這也類似鬥牛與斗篷之間的關係。

・鬥牛表演的照片

2.過（PASE）

最後一階段。劍會隱身於斗篷後，當成一個揮舞的旗桿，和牛決鬥。

3.殺（REMATE）

顧名思義，殺牛的最後一劍。其中死亡的眷顧（Suerte de la muerte）是最上等的鬥牛士才使得出來的招式，而且此招式最須要幸運女神的眷顧，因為鬥牛士進行最後一擊時，須把劍刺向牛的肩胛骨和脊柱之間的空隙，進而讓劍能直刺心臟，而唯有如此，鬥牛不再遭受到更多的痛苦。

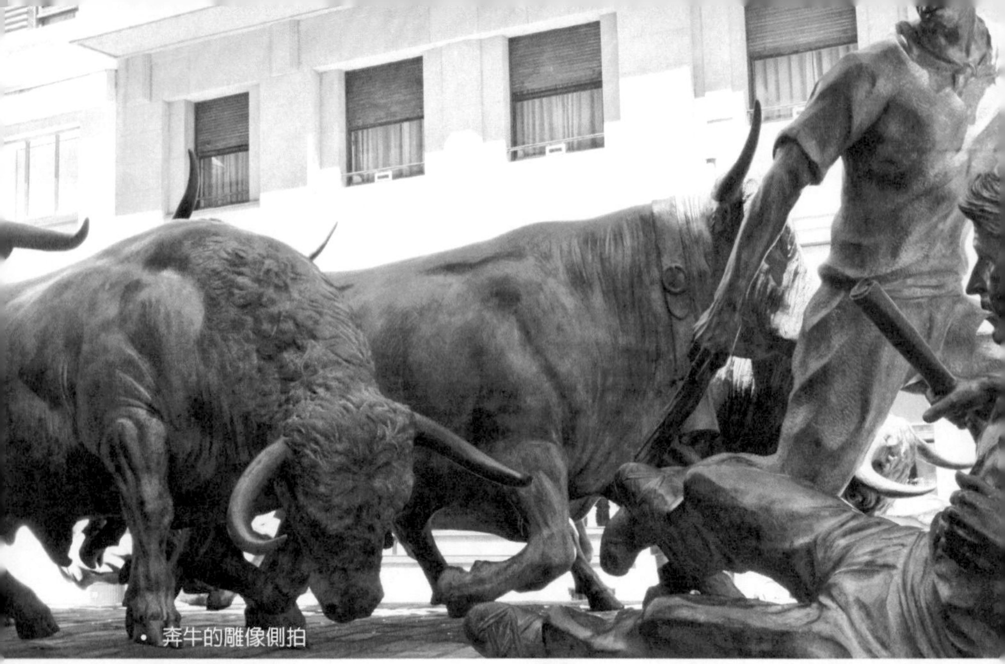

• 奔牛的雕像側拍

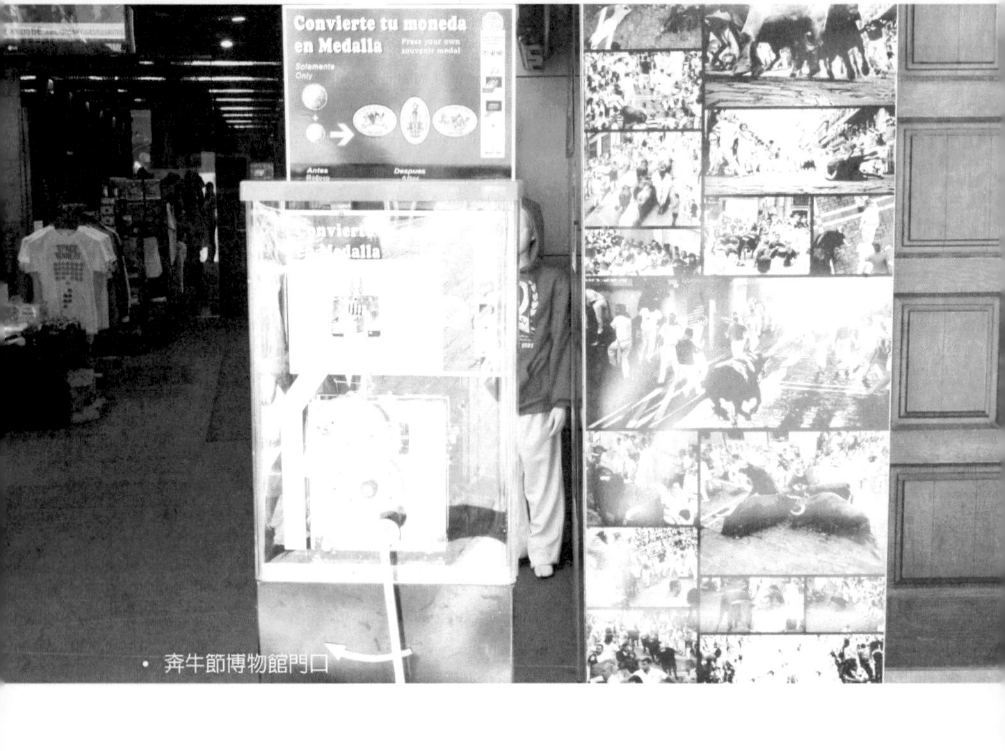
Convierte tu moneda en Medalla
Press your own souvenir medal
Solamente
Only
Antes
Despues

• 奔牛節博物館門口

旅行的意義：未知

路程：畢爾包→法國→聖巴斯堤安

感謝人物：室友Alan Pg

聖巴斯堤安城是終點站，把這裡設為搭便車旅行的完結篇，是因為我是到過這座城市後，才找到自己喜歡的旅行方式，而這趟旅程就是為了實踐當時的想法，所以我想最完美的結局就是讓終點回到起點，因為結束不正代表另一段旅程的開始嗎？

當時會到聖・塞巴斯堤安城，是因為室友（Alan Pg.）的邀請，他在暑假一開始時，邀請我們一群「同居人」，我、Franka Balvin與Silvestre Ortiz到他的家鄉渡假。我們全都是拿瓦拉大學的學生（我是去讀一年的交換生），他們都有著豐富的旅行經驗，擁有廣泛的人際交友圈，以及能操控三種以上的語言，可以想像與這樣的一群人旅行會是什麼模樣嗎？

我只能說，那真的是很特別的經驗，由於他們走的是「非傳統旅行模式」，也就是說，這一群歐洲人完全反對旅行就是去看名勝古蹟，唾棄「踩點」的學校遠足模式。他們說：「如果那麼在意這些，為何去不報名旅行團？既然是我們的旅行，就要用我們的方式去生活在那座陌生的城市裡。」所以，在聖・塞巴斯堤安，用我們的方式旅行就成了：比起參訪古城、舊區，我們更常待在室友家中的鬼混；比起聽取建築物的歷史，更專

• 室友ALAN的拍立得照片

注於街頭巷尾的八卦；比起現在該做什麼，更樂於去做現在想做的事。

住在聖・塞巴斯堤安城有一周的時間，我卻不太記得城市的模樣，因為我們不是在城市間游蕩，而是在人的情感裡遊走。地點只是媒介，我們流竄其中，舊城區裡老舊的石板路，只是用來堆疊屬於我們彼此回憶的徒徑。然而，這種把城市當成背景的旅行方式，卻讓我對這座城市有了特殊的感情，就像電影《情遇巴塞隆納》，雖然任何城市都可能遇見愛情，但對主人翁而言，巴塞隆納就是他們發生愛情的城市，就像《小王子》一樣，世界上有許多玫瑰花，但屬於他的玫瑰花就只有那一朵。

今日，便車旅程結束了，我再次回到聖・塞巴斯堤安城，或許我永遠都只是這座城市的過客，但因為我曾經在這裡刻劃下一段故事，因此今日回來，感受份外不同。當年城市只是我們青春的背景，但如今卻成為我回憶裡的布幕，不斷的在我的眼前放映自己年少輕狂。我想，我的旅行並不是為了移動到某處親眼「見證」歷史，而是為了在異鄉的土地上擁有一段屬於自己的回憶，讓短暫交會的瞬間塞滿我的人生旅程。

到底為何要旅行？李小龍說：「杯子有用，是因為它是空的。」對我而言，旅行對我有用，是因為它充滿未知。

Chapter 10

／通往地中海的門戶：瓦倫西亞

TOMATINA 2012
HOY QUIERO A TODO EL MUNDO
Ron
RITUAL
RITUAL

• 中央市場

前言

很少有城市能像瓦倫西亞一樣，與遙遠的過去和諧共處的生活在一起，有西元前138年的古蹟，也有千禧年後最前衛、新穎的建築。大海與城市，是這座城市肌理，但傳統文化卻讓這座城市活躍於世界。陽光，夜晚，煙火，海鮮飯，百花盛開，火節…等，是這座城市的形象，但這些全都無法用文字來感受到它真正的溫度，唯有真的到訪過這座城市，才能瞭解何謂為百年的傳統與現代生活，相互兼容的生活在一起。

• 藝術科學城

過去與未來並存的城市

1.藝術科學城（la Ciudad de las Artes y las Ciencias）

位於瓦倫西亞東方，聯結圖里亞河（Turia）畔上五個區域所規畫而成的藝術科學城，已成為這座地中海城市最多人參觀的地方，可以說是最能代表城市的標誌性建築了。整個藝術科學城內，不僅建築物非常壯觀，也充滿教育價值，例如海洋公園（L'Oceanogràfic），它是歐洲最大的水族館；3D電影院（El Hemisfèric），它擁有900米高的大屏幕；菲利普王子的科學博物館（Museo de las Ciencias Príncipe Felipe），是一處標示著「禁止不觸摸」互動科學空間；蘇菲亞皇后宮（Palau de les Arts Reina Sofía），是個音樂愛好者能充份享受表演的地方。

2.中央市場（Mercado Central）

瓦倫西亞各處都有小市場，但此中央是市場是歐洲最大的鮮果集散中心，占地有八千多平方公尺，分成肉、魚、水果、蔬菜等區，共有四百多家商販。

3.火節博物館（Museo Fallero）

此如果你是三月能到瓦倫西亞，那麼非常幸運你可以參加到西班牙最重要的國際性節日：火節。但如果不能在三月親臨現場，其實也無須遺憾，可以透過此博物館，感受到節日的趣味。相關的影像及海報，並且有所有從1934年至今，被民眾票選出來能被火赦免的第一名的作品都在此展出。

藝術科學城

參觀資訊：
地址：Av. del Professor López Piñero, 7, 46013 València

火節博物館

參觀資訊：
時段：一～六（9：00-19：00）；周日&假（9：30-15：00）；休館（1/6，5/1，12/24，12/25，12/31）
價錢：2€；周日及假日免費
地址：Plaza Monteolivete, 446006 Valencia

必喝的歐洽塔豆奶

瓦倫西亞以兩樣料理著稱：歐洽塔豆奶（Horchata）與西班牙海鮮飯（Paella）。當然，海鮮飯已經是西班牙隨處可見的料理，特別是地中海沿岸，每家餐廳都打著「道地」的旗號，不過瓦倫西亞的海鮮飯仍被認為最正統，因為至今他們做這道料理時仍會放入鍋牛。另外，當地的特產：歐洽塔豆奶（Horchata），也是到處都有（連超商都有賣），但如果沒喝過瓦倫西亞當地的歐洽塔豆奶，真的別說有喝過它！

聖卡達琳娜的歐洽塔豆奶店（horchateria de santa catalina）

位於聖卡達琳娜教堂旁，並且有200年的開店歷史。室內以傳統的磁磚裝飾，可見用一塊塊陶瓷拼貼出來的瓦倫西亞風情，而且所有食物也都樣店裡的風格一樣，都是用傳統配方所製成的，食物的風味百年如一日，一點都沒變。另外，雖然這家店以專賣歐洽塔豆奶聞名，但她的巧克力也是相當聞名，在寒冷的冬日，當地人都會到此享受一杯熱巧克力，並且一定會點上他們家傳統工藝製成的糕點：西班牙油條（churros）或南瓜餡餅一起。

聖卡達琳娜的歐洽塔豆奶店

地址：Plaza Santa Catalina, 6-46001 Valencia

價錢：2'60 €

• 豆奶

• 聖卡達琳娜的歐洽塔豆奶店

瓦倫西亞的交通方式

1.聖・塞巴斯提安到的瓦倫西亞交通

到 聖・塞巴斯提安(San Sebastián)

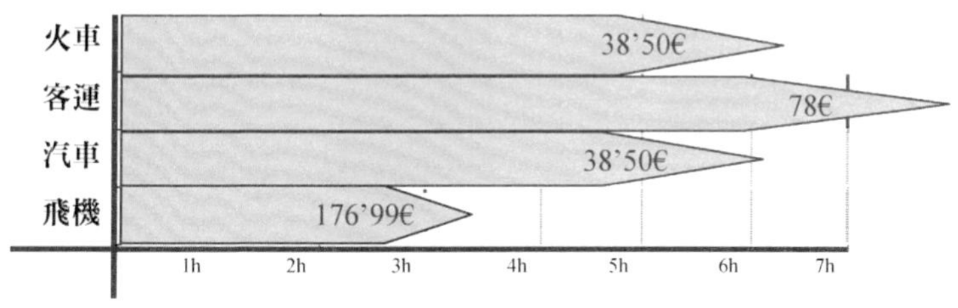

（更新2016年12月）

2.瓦倫西亞的交通介紹

種類	次數；價錢	範圍
公車票	單程；1'50 €	市區公車皆可
地鐵票	單程；1'50 € T1（一日票）；4 € T2（兩日票）；6'70 € T3（三日票）；9'70 €	公車與地鐵A區搭可

3.瓦倫西亞到周邊城市

城市	交通；價錢	車程	景點
阿利坎特（alicante）	客運（ALSA公司）：20'85 €	2：25 h	受英國人喜愛的海港，白色海岸，電影《謊言，性，派對》的拍攝地。
	火車：16'30 €	1：42 h	
佩尼伊斯科拉（Peñíscola）	客運（hife公司）；12'85 €	3 h	地中海氣候，老城區，城堡，一處在山頂上有可聽見海浪聲的「Bufador」洞穴。
	火車；11'85 €	2：30 h	

• 瓦倫西亞火車站

• 巴塞隆納港口

城市	交通；價錢	車程	景點
巴塞隆納* （Barcelona）	客運（ALSA公司）：26,25 €	4：44 h	聖家堂，米拉之家，巴特婁之家，奎爾公園，米羅美術館，畢卡索美術館，四隻貓…。
	火車：28,50 €	3：50 h	

*巴塞隆納城是個很美的城市，建議花更多的天數去探索它！

4.真心不騙，特別推薦的景點

（1）巴塞隆納（BARCELONA）

這個世界上，介紹巴塞隆納這座地中海都市的旅行書，可能比介紹整個西班牙還多更多，因此，用整本書來瞭解都仍嫌不足的情況下，想要用一頁的篇幅來説明她的精彩是絕不可能的！但是這並非在説她的美麗是無法形容，而是因為她的美不是永恆不變的，而是奇特與多變的。它不似其他百年城市一樣「不動如山」，這座國際港口像個少女一樣，不僅擁有永恆，也在創造永恆。她的美麗是

• 巴塞隆納_聖家堂

• 巴塞隆納市景

有生命的，是與當地居民一起成長的。她讓畢卡索的抽象壁畫在陽光下閃耀，在人們眼中閃爍。她讓追求流行旅人，在購物大街，感恩大道上，看見最前衛設計的波浪建築《米拉之家》，用人骨做成窗戶的《巴特婁之家》。她讓信仰虔誠的西班牙人，花了兩百年的時間建造一棟到目前還在施工的《聖家堂》。巴塞隆納，一座會呼吸的城市，一座值得你一去再去的城市。

（2）安東尼・高第（Antoni Gaudí, 1852-1926年）

西班牙最重要的現代主義建築師，著名的建築作品有《米拉之家》、《巴特婁之家》、《奎爾公園》、《聖家堂》…等。其中《聖家堂》從1883年開始施工，雖然至今仍未完工，但它已經列入世界文化遺產之中，也由教宗本篤十六世冊封為宗座聖殿的教堂。

旅行的意義：生活中的魔幻與寫實

感謝人物：番茄

離開聖・巴斯堤安城後，我直接搭上客運前往瓦倫西亞城，趕赴番茄節。番茄節是西班牙有名的三大節慶之一，我一直特別嚮往，想蒞臨現場，感受一下被十四噸番茄砸的滋味，享受一下番茄大戰所製造出來的「血腥」場面。

• 番茄節

老實說，我參加過不少西班牙節日，但是番茄節真的是個讓人終生難忘的體驗。此節日的特別之

蕃茄節，車子上滿滿是蕃茄

處，在於它的存在很「單純」，不像其他節慶有其歷史、宗教因素，例如聖誕節是耶穌的誕辰，感恩節是感念美洲原住民，奔牛節是慶祝聖菲爾明生日。番茄節它什麼都不紀念，也不感謝，不為「教化」，更不為「宗教」，大家砸番茄，就只是砸爛番茄，就像進鬼屋就是為了嚇破膽，颱風天就要去泛舟，畢業典禮要砸水球，而西班牙，一個番茄永遠滯銷的國度，舉辦個番茄節讓大家一起砸爛，似乎也只是剛剛好而已。

有人總愛用諷刺的口吻對參加番茄節的遊客說：「真是浪費食物，想想非洲人的生活吧！」也許這個活動真是暴殄天物，只有最無知的人才做的出來這種行為。然而，每年還是有成千上萬的人去參加，去成為這個世界上最無知的人，而這真的是壞事嗎？一個小時瘋狂的番茄大戰，人放下一切，「像動物」一樣恣意妄為，這是人的自大狂妄？還是這一切都只為了讓所有人類承認：人不該「像

• 蕃茄節的人群

動物」一樣，因為人本來就只是「動物」，一個自以為更了不起的「動物」而已！

我常想，為何西班牙這塊土地上會誕生畢卡索、達利，米羅，這群超現實主義派的藝術家？為何高第能在巴塞隆納建造出聖家堂，米拉之家，巴特婁之家…等令人驚嘆的建築物？是偶然，還是命中註定？在此趟西班牙深度旅行之後，我終於瞭解了，如果有一國家願意消耗十幾噸的番茄，就為了讓居民痛快互砸；封街放出十二頭重達八百公斤的鬥牛，就為了讓人民享受當鬥牛士的興奮；在仲夏夜裡放一把大火燒掉所有木材，就為了讓傳統在火焰中延續⋯等，所有在別人眼裡的「不文明」的活動，都只是西班牙生活裡的一部分，那麼別人眼裡的奇異幻想，在西班牙人的世界裡就可以只是現實裡待完成的事項罷了。

對世界而言，魔幻寫實是一種文學體系，但對西班牙人而言，那是生活方式，他們人人都是唐吉軻德，活在真假界線模糊的世界裡，西班牙民族詩人加西亞・洛卡（García Lorca）說：「在我們的血液裡流著孕育理性與夢想的源頭。」所以他們能在現實裡展現天真，在夢境裡放出惡魔。也許這樣的生活方式與世界背道而馳，但如果能選擇，我寧願成為西班牙人，因為至少我能在現實裡相信美夢會成真，而在作夢時學會謹慎。

到底為何要旅行？對我而言，旅行是讓我生活在魔幻寫真中的途徑。

結語

完成自我的一趟旅程

感謝：存在於世上的一切

搭便車像是在打一場撞球，桿子將母球推出去，桌上的九顆彩球各自散開，有時可以一桿入袋，有時要經過幾次碰撞，幾番波折才能進洞，最終只有母球獨留在桌面上，遊戲便結束！結局就是什麼都沒留下，只剩自己與母球！

這樣的結尾似乎很空虛，沒有彩球要征服，沒有目的地要去探險，什麼都沒有，甚至也沒有人知道我旅途結束了，故事瞬間進入尾聲，劃下句點，一個空心圓圓的符號便成為這段旅程的最後一筆，而「。」也許是這整段路途最好的結局。

曾經以為旅途結尾應該是外文的句點「·」，一個中心被塞滿的小黑點，看起來飽滿又充實，就像被完成的段落是充滿意義與價值，然而在這趟搭便車的過程中，每天不斷的與人相遇與分離，不停的遷移與落腳，我內心所嚮往的小黑點漸漸變成留白的小圈圈，一個中心留著空白的小圈圈，就像我每天睡前的一點「空虛」。

內心「空虛」並不是認為搭便車沒有意義，白忙一場，只是每當自己站在天、地之間的公路上，看著高速奔馳的車輛，常常覺得自己像空氣一樣虛無，存在卻沒有被察覺。如果曾經以為「我」很重要，那麼這趟旅程讓我瞭解到原來人可以那麼的無所謂，而體認到這一點後，「空虛」便成為公路上的伴侶了。

我想，人會空虛是一件好事，因為至少可以開始質疑自己所做的一切，思考所有行為的價值，探索生命的意義，而搭便車就提供了很長的時間讓人浸泡在空虛裡，想想「自己現在到底在幹什麼好事」。

搭便車是在幹什麼好事？開頭，我是為了更瞭解西班牙，所以採用這種方式，但是漸漸發覺，西班牙尚待瞭解，但有個人卻看得很透徹，那就是我自己。這趟旅程不只是鄉野調查，更是記錄我獨特的感知—我是如何看待事物的方式。每當我越想從西班牙人的眼裡看清他們的樣貌，越是看見自己的模樣，對別人的疑問，都成了反問，所有抽絲剝繭得到的答案，最後發現都只是自己觀點與視角。

看見自己的形象，那是一種很奇妙的感覺，人不是由符號、文憑、金錢、品牌、標籤…等所包裝出來的人形立牌，而是有血有肉的身驅，雖然這不該陌生，每天不是都從鏡子裡看見自己嗎？但那都不由「腦子」看，而不是「眼睛」看。《像藝術家一樣觀看》說過：「畫不好，是因為我們被符號控制住，但藝術家，畫得好，只是他們能把事物像鏡子般真實反映出來。」我想，以前也許就是那樣的狀態，被符號困住了。

這趟旅程，我打破自身那塊人形「招牌」，終於看見我的模樣，看見自己是什麼人了。當然，看見自己，世界也不會因此變得更好或更壞，但是我此時才覺得自己活了過來，才第一次意識到自己是活在此時、此刻與此地，才感受到過去、現在與未來在當下的一種集合狀態，也才第一次瞭解西班牙詩人格微度（Ferancisco de Quevedoy 1580-1645）的《啊！生命！（¡Ah de la vida!）》裡說的生命狀態：

Ayer se fue; mañana no ha llegado；昨日已逝，明日未臨；
Hoy se está yendo sin para un punto：今朝不停離去：我是
Soy un fue, y un será y un es cansado.「過去」、「未來」與
一個疲倦的「現在」。

到底為什麼要旅行？對我而言，就只讓自己活在ex nihilo nihil fit（拉丁語：無中不能生有）的「真實」之中。

釀旅人32　PE0122

舉起你的手，一個女生搭便車勇闖西班牙

作　　者　謝琬湞
責任編輯　杜國維
圖文排版　楊家齊
封面設計　蔡瑋筠

出版策劃　釀出版
製作發行　秀威資訊科技股份有限公司
114 台北市內湖區瑞光路76巷65號1樓
電話：+886-2-2796-3638　傳真：+886-2-2796-1377
服務信箱：service@showwe.com.tw
http://www.showwe.com.tw
郵政劃撥　19563868　戶名：秀威資訊科技股份有限公司
展售門市　國家書店【松江門市】
104 台北市中山區松江路209號1樓
電話：+886-2-2518-0207　傳真：+886-2-2518-0778
網路訂購　秀威網路書店：http://www.bodbooks.com.tw
國家網路書店：http://www.govbooks.com.tw
法律顧問　毛國樑　律師
總 經 銷　聯合發行股份有限公司
231新北市新店區寶橋路235巷6弄6號4F
電話：+886-2-2917-8022　傳真：+886-2-2915-6275

出版日期　2017年7月　BOD一版
定　　價　280元

Printed in Taiwan

國家圖書館出版品預行編目

舉起你的手,一個女生搭便車勇闖西班牙 / 謝琬湞
著. -- 一版. -- 臺北市 : 釀出版, 2017.07
面 ;　公分. -- (釀旅人 ; 32)
BOD版
ISBN 978-986-445-210-1(平裝)

1. 遊記 2. 西班牙

746.19　　106009490

讀者回函卡

感謝您購買本書，為提升服務品質，請填妥以下資料，將讀者回函卡直接寄回或傳真本公司，收到您的寶貴意見後，我們會收藏記錄及檢討，謝謝！
如您需要了解本公司最新出版書目、購書優惠或企劃活動，歡迎您上網查詢或下載相關資料：http:// www.showwe.com.tw

您購買的書名：______________________________

出生日期：________年________月________日

學歷：□高中（含）以下　□大專　□研究所（含）以上

職業：□製造業　□金融業　□資訊業　□軍警　□傳播業　□自由業
　　　□服務業　□公務員　□教職　□學生　□家管　□其它_____

購書地點：□網路書店　□實體書店　□書展　□郵購　□贈閱　□其他

您從何得知本書的消息？
□網路書店　□實體書店　□網路搜尋　□電子報　□書訊　□雜誌
□傳播媒體　□親友推薦　□網站推薦　□部落格　□其他__________

您對本書的評價：（請填代號　1.非常滿意　2.滿意　3.尚可　4.再改進）
封面設計____　版面編排____　內容____　文／譯筆____　價格____

讀完書後您覺得：
□很有收穫　□有收穫　□收穫不多　□沒收穫

對我們的建議：______________________________

____

____

____

請貼
郵票

11466
台北市內湖區瑞光路 76 巷 65 號 1 樓

秀威資訊科技股份有限公司 收

BOD 數位出版事業部

....

（請沿線對折寄回，謝謝！）

姓　名：________________ 年齡：________ 性別：□女 □男

郵遞區號：□□□□□

地　址：____

聯絡電話：(日) ________________ (夜) ________________

E-mail：____